心を磨く

中村天風講演録

Cultivate your mind

Nakamura Tempu

中村天風

PHP

中村天風

まえがき

今回出版されました中村天風『心を磨く』は、天風会創立百周年を記念して既に公開されているＣＤ『心を磨く』を書籍化したものです。その内容は、かつて天風先生による「心身統一法」の講習会の最後の日（当時は五日目）に研修科として話されたもので、「自分とは何か」「心にはどのような働きがあるのか」「意志《いし》とは何か」「物事を認識するとは」、そして「意識というものについての哲学的理解」などを命題に、「人間とは肉体という物質を超越し、さらに自分が感じているような心をも超越した尊《とうと》い実在である」と、力強く、まさに人間の本質を把握し説かれたものです。

したがって内容は「人生いかに生きるべきか」ということを説いた哲学的なものですが、実際には「人間は本来運命や病《やまい》に負けるような弱いものではなく、どんな困難をも乗り越える力がある」ということを、ユーモアにあふれた軽妙な語り口や、具体的で絶妙なたとえ話などを交えながら、現実の日常生活を送る我々人間が合理的に納得のできる理論で説明されています。天風先生はよく、易しい内容を難しそうに説くのは簡単だ、難しい内容を難しく説くのも簡単だ、難しい内容を易しく説くのが一番難しいと言われましたが、本書は難しい内容をたいへんわかり易く読んでいただける、まさに天風先生の面目躍如たる実践哲学書です。

『心を磨く』は、ＣＤでは天風先生の姿を思い描きながら、実際に教えを受けているように耳から自然とその内容が身に沁みてくる効果を感じていただき、また今回活字になったことにより何度でも同じところを読み直し、そこで説かれている命題についてじっくり自分も考え、天風先生との心の対話を楽しみながら理解を深めていくということもできます。聴覚と視覚を使ってしっかりと心に刻み込むことによって、どんな困難も乗り越えることのできる盤石の強い心を確立できることと思いますので、併せてお奨めいたします。

また天風先生は、理屈で考えていてはわからない、ということをよく言われます。これは理屈に合わないことを言われているからではなく、理屈でいくら分析して理解しても、本当にわかったとは言えないということなのです。「わかる」ということは自分の心や体が学んだとおりに反応しその方法を実践することにより、何があってもゆるぎない価値高い人生を送ることです。

天風先生は事ある毎に、ともかく実践せよ、学んだことを真剣に実践せよ、実践を怠《おこた》るなと言われました。そしてまた、この教えを真面目に実践していれば、だれでもきっと素晴らしい成果が得られるはずです。

是非、『心を磨く』を座右の書として身近に置いていただき、事あるときも事なきときもそのページを紐解《ひもと》いていただき、最上の心の糧《かて》にしていただければ幸いです。

二〇一八年十月

公益財団法人天風会理事長　大久保信彦

心を磨く

中村天風講演録

目次

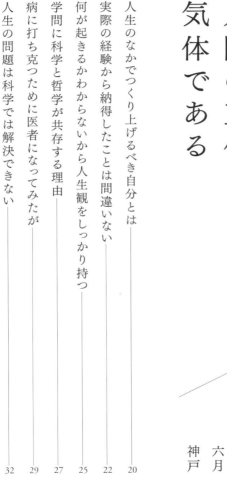

昭和三十六年
六月
神戸

第一章

人間の正体は気体である

昭和三十六年
十月
神戸

第二章

生き方を間違えると「心の奴隷」になる

――有意義な人生のための基礎知識

第三章

「正しい心の使い方」ができる人・できない人

昭和三十六年十一月
京都

第四章 五官感覚を磨き上げ、自己肯定に徹して生きよ

昭和三十七年 二月 神戸

第五章

「心機転換」こそが問題を解決する

昭和四十年十一月　京都

第六章

本能に打ち克つ人が幸福になる

昭和三十九年　一月
京都

第一章

人間の正体は気体である

昭和三十六年（一九六一年）
六月
神戸

人生のなかでつくり上げるべき自分とは

さて、きょうの演題は「我《われ》とは何ぞや」。私たち人間が、病《やまい》になったり、悪い流れにぶつかったり、本当にどんな場合があろうと、いつも事あるも事なき日のそれのごとく、「晴れて良し曇りても良し　富士の山」というような気持ちで、いわゆる文字どおり安心立命《あんしんりつめい》という状態で生きられる、その目的を達する秘訣であります。

ただし、私も何十年もかかってわかったことです。

私は、病を身に持ちながら、いつ何時倒れるかわからない、自分の死に対する運命をもとより承知の上で、日本を離れたんです。

親の元から遠く、アメリカだ、ヨーロッパだ、世界の三分の二を歩き回って、その上、インドの山の中へ三年も入って。それも何も物好きに入ったわけじゃない。

なんとかして人生、人ごとじゃなく、我がことであります。

もしもこのまま死んでしまったんじゃ、結局、無学文盲《むがくもんもう》、目に一丁字《いっていじ》もない野蛮人と同じ様な死に方になるんじゃないかと。

かりそめにも、多少ながら高等教育を自分の頭に受けた以上は、なんとかもう少し自分自身、徹底的に悟れないまでも、真理に一歩でも近寄った自分というものをつくり上げて、死ななきゃならない運命なら死のうと。

こういう、要するに、自分にもっとプラスをつくりたいという念願なればこそ、もちろん、それはもうどこで倒れるかもしれないことは覚悟の上でした。

そして、この病と闘う年月が八年。それから後、真理とまた取り組んで八年。通算して合計十六年。

ちょいちょい昔よく聞かれたんですが、

「どうして先生、こういう普通の学者や識者が何千年来の努力をしながら、ここまで考えきれずにいる問題を、それはまあ苦心の十六年といえば、我々のうかがい知る能《あた》わざるその間に、それはもう形容もできないさまざまがありましたでしょうが、よくこれだけのことをお悟りになりましたね」

と、こう言うから、いつでも私の答は簡単です。

「あのねえ、これ、私が工夫したんならば、非常な感激でもって感心せられても、べつに私はそれを辞退はしないけど。これ、私が工夫したんじゃないんだよ」

「あれ、先生が工夫したんじゃなきゃ、だれが工夫したんですか？」

「これは、宇宙をつくった造り主が、既に立派につくり上げられている。それを多くの人が発見しないで、幸か不幸か私が見つけ出したために、何か私がこれを工夫したように思い違いしてんじゃないかい？」

結局、宇宙に厳として耽存《じんぞん》（通常は「たんぞん」と読むが天風は「じんぞん」とした）していたから、それを探させてもらって、そして私がこれを一つの形にこしらえただけなんだ。

宇宙の自然界にこういう真理がなかったならば、いかに私が何年かかってどんな血みどろの努力したからとて、ないものは探せませんもんね。あればこそ探し出した。

だから、しいて褒《ほ》めたければ、「よくまあ探しましたねえ」と言ってくれるならうれしいが、「よくこれをまあとにかくご工夫なさいましたね」と言われると、何かこう、造物主のつくったものを自分のつくったような顔をすれば、これは一つの盗作ですからね。それでは決してないのであります。

むろん、あなた方だったらば、私が十六年かかったんだから、あなた方ならば三年か五年で考えつくかもしれない。考えつかないかもしれない。どっちか知らない。Perhaps, might be ですから、わかりませんけれど。

実際の経験から納得したことは間違いない

今夜これからお耳に入れる「我とは何ぞや」という重大な問題は、実はインドのヒマラヤの第三ピークのカンチェンジュンガの麓《ふもと》にいたときに、ああでもない、こうでもないと考えて、考え抜いた。

そしてある程度までおぼろげながらも、自分だけはこれで納得しておこうと、ひとり決めの解答を自分の心につくって、まだそれが本当に真理か真理でないかをわからないままでもってインドを離れて、そして日本に帰ってきてから後八年。

さまざまな人生の出来事に出くわすうちに、ははあ、やっぱりおれの考え方の中にそうたいした狂いがなかった、間違いがなかったということを、自分のいわゆる実際の出来事の経験の中から納得することができたのです。

それを爾来《じらい》の私の人生に対する信念として、人の考えも及ばないような私自身が恵まれた幸福を毎日繰り返しておりますので、ぜひともあなた方にもこの幸いを、せめて半分でもお分けしたいと思うがために、必ず毎年夏の特別のお集まりである修練会が始まる前に、もう決まりきって、修練会の前提的いわゆるプロローグとして、この講演をしているわけなんです。

だから、何十回も聞いている人もいて、聞くたびごとに、

「お世辞でなく、きょうもまた一年ぶり、忘れていることを思い出させてくだされて、本当に、本当に、この前聞かなかったような気がするこういうことがきょうは出ましたけれども、きょうまた新しく説明の言葉の中にお加えになったんですか？」

と言うから、

「うん、今度の講演にはこれを加えてみたよ」と。

それはね、時代の進化に伴うて、十年一日《じゅうねんいちじつ》のようなお話はしたくてもできないんであります。

今から十年前（昭和二十三年）と言ったら、お互いの生きる世界には、今のように山の中へ行っても電気洗濯機があったり、電気冷蔵庫があるような時代じゃなかったでしょう？

第一、都の人の持つあのマッチの箱のような小さなラジオ。トランジスタ、あれなんかなかった、十年前には。十年前には大きな真空管でわれわれが耳を楽しませていたラジオだけ。五年前にゲルマニウムがスペシャル・エレメントによって濃縮されて、真空管以上のアビリティが濃縮されたゲルマニウムから発見されたことによって、あのトランジスタができたということは、もう子どもでも知っていて大人が知らないことですが。

変なことを言うようですが、子どもは知っているんですよ。だけど、おっさん、おばさんが案外知らないいんだ。

おっさん、おばさんというのは案外気楽な人が多くて、そんなことは子どもが知っていればいいこった、私ゃもう何も知らずに、ただポーッと生きてからに、お迎えが来たら死んじまえばいいんだというような気持ちのやつが多いがために、一向に自分自身を磨き上げようという努力がありませんから。だから子どもというのは油断ができないんですよ。

とにかく、そういうモノがなかった時代のお話と、現在かくあるがごとく、非常にこの物質文化が非常の進歩をしている時代に説く話とは、話の筋道を変えていかなければいけないのです。目的は一つであります。そこに道説く者の人知れぬ苦労があるんですけれど、また苦労と同時に、自分自身も説き方の上にいろいろと新しいものを取り入れる非常な楽しみもありますが。

去年聞いた人も、思いを新たにする気持ちで、今夜これから私の言うことを聞かれるがいい。

何が起きるかわからないから人生観をしっかり持つ

さて、この修練会の目的は、手っ取り早く理論と実際とをあなた方に飲み込ませて、そして、言い換えれば天風会独特の理入《りにゅう》行入《ぎょうにゅう》という方法で、つまり理屈の方面からあなた方の迷いを取ってあげて、それで実際の方面からあなた方の生きる肉体の作り替えをしようというのであります。

そこでその、まず前提として一番考えなきゃならないことは、人生観というものをしっかりしたもので持っていかなきゃいけないことです。

人生観にあやふやなものがあると、何事もなき世界ばかりが続けば、あにあえて何をかいわんや。ところが人生というものは、もう何遍も言っているとおり、油断も隙もならないでしょう？思いもかけない出来事、考えてもいなかったような事柄が、いつ何時人生に発生するかわからない、それが人生ですもの。

何の変化も変哲《へんてつ》もなく、来る年も来る年も同じような状態で生きている人なんてものは、三千《さんぜん》世界《せかい》探して一人もありゃしませんよ。変化があればこそ人生。

したがって、その変化に対応する自分というものが、相当の用意なくしてこの人生に生きてるとです、変化のタチの悪いのに当たるてえと、そのままその人生というのはめちゃめちゃに破壊される、あるいはつぶれてしまいますわ。

そうすると、それも一思いに死んじまうんなら、まだこれね、一巻の終わりですから、手間暇いらないでもって、傍《はた》にも迷惑かけない、自分もまあね、何もわからなくなるんですから、事は簡単ですけれど。

死にもやらず生きもやらず、しかも考えてみれば考えてみるほど、少しも楽しみもなければ朗《ほが》らかさもない、苦しみと悶《もだ》えばかりの人生でもって、死ぬに死なれない、生きるに生きられない人生を毎日繰り返すとなったらどうなるでしょう、ということを考えてみてください。

案外そういう人間が、この文化の時代の今日多いんですよ。また多いからこそ、私のようなこの尊《とうと》いお仕事が、至《いた》る所でもって、全く自分でも不思議に思うくらい歓迎されているのでありますけれど。

それと言うのもこれと言うのも、結局、要するに、人生観というものの根底がしっかり固められていないから、ちょうど何のことはない、土台石《どだいいし》があやふやのところへ大きな家が建てられたと同じ結果が来ているんですよ。それ地震だ、それ大風だとなると、すぐもうガタガタガタッとなっちまう。

だから何をおいても、まず第一番に必要なのは人生観を確固不抜《かっこふばつ》のものにすることですが、その人生観を確固不抜のものにするのに、自分が何だということがわかっていなければ駄目なんですよ、自分が何だということが。

こう言うとあなた方は、「自分が何だということぐらい、だれだってわかっていますよ。どんなあわてた場合だって、自分と他人を取り替える気遣いはないんだもの。私は私でもってちゃんと私を知ってますよ」というその「私」が、本当の私でない私なんだ。

それを、本当の私じゃない私を、本当の私だと思い違いしているんですから。「でない」ものを「である」ように思っている思い方で人生観を立てようとすると、人生観のぐらつきはもう、ねえ。そうでないものをそうだと思っているんですから。だから今も言ったとおり、この自覚というものを正しくしなきゃいけない。

学問に科学と哲学が共存する理由

これは理屈で考えちゃわからない話なの。

理屈で考えてわかることと理屈で考えちゃわからないこと二色《ふたいろ》あるから、この学問の世界に科学というものと哲学があるんでしょ。理屈だけでわかれば、科学だけでもって、一切合財《いっさいがっさい》、完全に解決つきますよ。けれど、理屈ではわからないものが、もう随分量多くあるのであります。

たとえばわれわれのような医者が医学として研究している学問は科学ですね、これ。科学ですから、したがって肉体の生きてる状態に対してはいろいろあれこれと研究しています。

しかしながら、医者がどうしてもわからないのは、どういうわけで口の中へ食い物を入れるてえと、そして、口の中でもって下あごが動いて、下あごにくっついている歯が上あごに一つのショックを与えることによって咀嚼《そしゃく》という運動が始まると、同時にだれに頼まなくても自然と舌根《ぜっこん》内部の微細胞から、易しい言葉で言えば舌の裏の唾液腺《だえきせん》から唾《つば》がじゅくじゅく、じゅくじゅく出て、そして噛んで小さくして、どろどろの重湯《おもゆ》のように唾がしてくれて、それを飲み込みいいように飲み込ませてくれるというのが、どういうわけだろうということがわからない。

それで胃の中へ、その飲み込んだ唾と共に入っていったどろどろの食い物が、胃に落ち着くと同時に、どんな不精者の胃でもひとりでに動き出して、べつに手を添えて動かす必要なく、そして動き出すと同時に、肝臓、ひ臓、すい臓という三つの臓器から、このどろどろになった食べ物を、これを医学では麦芽糖《ばくがとう》状態と言いますがね。この麦芽糖状態をより一層もっと液体化して、液体化するのに胃が動いているだけではできないから、肝臓、ひ臓、すい臓からいろいろと異なった液が出てきて、そして十二指腸という、もうとてもとてもそれは細かいあの管を通して、小腸へと送ってくれる。

これ、どういう不思議な働きだろう。医者にはわからない。

いや、そんな細かい話じゃなくたって、どういうわけで人間というものは頭だけ毛があって、顔に毛がないんだろう。おサルのお尻は真っ赤だが、人間のお尻はなぜ真っ赤でないんだろう。これもわからない、医者には。

根本がわからない。なぜ人間というものは好きな人に会うてえと、好きだと思う必要がないほど、なんとなく心が朗らかになってからに懐かしくなっちゃって、嫌なやつに会うてえと、嫌だと思わなくても、何とも言えない変てこな気持ちにどうしてなるんだろう。これがわからない。

わかっている人は教えてくださいよ。そうすると私も世界一の学者になれるんだ。

こういう方面を考えようとするのが哲学。「てつ学」というのは、金物の学問じゃないんだよ。

はい、この「哲」という字は、日本の言葉に直すと、「哲とは悟りなり」という言葉。ね。悟りとは、自覚から入らない限りは悟れない。理解から入ったのは悟りじゃない。わかりましたね。

私も、ですから、今夜これからあなた方にお耳に入れるいっさいが、理屈から考えたんじゃありません。「天風先生はお医者さんだからわかったのだろう」と思ったら大違い。医者だったらわからないんだ。医学だけでもって人生がわかれば気楽千万《きらくせんばん》ですよ。

病に打ち克つために医者になってみたが

ところがね、その当時まだ人生に対して無学だった私は、病になってから死に生きるは天に任せるとして、とにかく病に打ち克つ力だけは体につくりたいと思って。これはだれでもそれは思いますからね、そう。それでね、医学を研究すれば、そうした力というものは医学の知識でつくられると思ったというほど、私は軽率な無学者だったの。

だけど、素人《しろうと》のときにはそう考えますよ。それで医学を研究して、今も申し上げたとおり、自分の肉体に力を本当につくりえたかというと、どういたしまして。これから先もつくられないんですよ。ただ、余計、医学を研究する前よりも、病に対し神経が過敏になっただけがトータルでした。

もっとも、ですから、医学を研究するときに、あたくしの兄貴の先生であった、兄貴も医者なんですが、北里（柴三郎）という有名な、あのばい菌学の泰斗《たいと》であった先生がね、

「兄さんはね、医者になって私の弟子になっちゃったんだから、今さら止めるわけにもいかないけど、およし、およし、医者なんかの学問やるのは。それもね、あなたが非常に丈夫な体持ってんなら、まあ、医者の学問を研究しても悪いとは言わないけれど、そんな弱くなった体でもって医学を研究するとね、ああ、研究しなきゃ良かったなと、きっと後悔するようなことができるから。まあ、しないほうがいいな」

それを私はね、純真な気持ちを持っていなかったんですよ。善意に解釈しなかった。

「ははあ、これ、兄貴よりおれのほうが頭がいいこと、この医者は知ってるもんだから、おれが医学やると兄貴よりおれのほうがえらくなるところで、そこで兄貴よりえらくならさしちゃ、せっかく自分の弟子が兄貴だから、弟子でもない弟のほうがえらくなっちゃ、なんとなくこう世間に対して体裁が悪いよと思って、この先生は止めるんだな」

まあ、今考えてみればね、なんとねじくれた考え方で考えたんだかは知らないけれども、とにかくそんな考え方をしたんだよ。だからね、

「何言ってやんでい。兄貴のようなボンクラさえ医学博士になったんだ。おれなんざ、べつに医者で飯を食おうてんじゃねえ。自分自身の体のことを本位として、医学的知識で自分自身をとに

かく解決しようとするだけなんだ。ああ、もう止めるなんておかしいじゃねえか」と思ってからにやったんだが、やはりね、先輩の言葉過《あやま》たず。ああ、やらなきゃ良かったと思った、本当に。それまでは病が本当におっかないことを知りゃしないもの。

素人というのは情けないものでね、医学さえ勉強すれば、万病ことごとく医学で治ると思った。そうしたら、ねえ、医学を研究し、初めて気のついたのは、この病、医術で治るっていう病は五つしかないんだ。

その当時から今まで、それじゃ、一つでも増えたか、一つも増えていない。

あとはこの病、この薬を持っていったらきっと治るという病じゃないんだよ。ああ、薬じゃない。いくらか病の苦痛を軽くすることはできるが、根切りすることはできない事柄ばかり。この病にこの薬を持っていけば治るというのを特効根治薬という。それが五つしかない。本当言うと四つしかない。五つめはおまけなの。

そう言うと、無学な人は、「へえー、おかしなことを聞くな。私は医者でないからわからないけども」と、きっと言いますけれどもね。

「昔治らなかった面疔《めんちょう》だとか、あるいは、あれじゃねえか、肺炎だとか、腸チビス（腸チフスのこと）というようなものが、軽いうちは今の抗生物質の発見と共に、ぐんぐん治っていく。この事実から考えて、そしておまけに戦争以前より今の人間のほうが平均に五、六年ずつ長生きをするようになったのは、医学のおかげじゃないか」と、こう言う人がある。

それは確かに、その事実はあります。ありますけれど、それはばい菌に対する抗生物質の力が昔よりも余計働いてくれているというだけでもって、今なおこれだけ進歩しているごとく見えている医術のある世界に、ぜん息一つ、リュウマチ一つ、いかがです？　完全に治せる医者、一人もいないじゃないか。いわんやまして、がんだ、胃かいようだ、心臓病だというものを治す薬なんかありますか？　お医者さんがいたら返事してくれ。返事する医者いませんよ、そんなおっちょこちょいは。ないんだもの。

人生の問題は科学では解決できない

今はもう野蛮病としてなくなってしまっていますけれども、南洋にイエローフィーバーというものがはやった。イエローフィーバー、黄熱病《おうねつびょう》。黄色くなって黄だんみたいになって死んでしまう熱病があるんだよ。

それを英領にしてからぴたっとなくなっちゃった。どうしてなくなったかというと、英領になったときに、半年がかりでもって町の中をきれいにしたんであります。その衛生設備を完備せしめたら、すっかり黄熱病の原因が取り払われちゃったから、それでもう一服の薬飲ませず、一本の注射しないでもって、これの熱が。あの野口英世《のぐちひでよ》博士が死んだのが、これ黄熱病でしょう？

つまり、野蛮国は不潔だから不潔のためによって生ずるこの病だったたんです。それがきれいな設備にしたら治っちゃった。

そんなことなんてものは、もう今の人間だって余計知らないくらいですから、五十年前のわれわれが医学にばかにほれ込んでいた時代というのは、考えたって考えられようはずがないからわかりゃしない。それで医学を一生懸命研究してからに、ちっとも自分の体が良くなるどころか、神経いよいよますます過敏になっちゃって、気にかけずともいいことを気にかけてね。

医学のほうだと、微から細に入って、こういう症状になりゃこうなって、こうなるというとこうなって、こうして、結局は悪化してこうなってお陀仏《だぶつ》だというふうに、こう医学のほうでは筋道立てて知識付けてくれるから。そいつがわからなければともかくも、わかればより一層いけませんわ。

それでこいつは駄目だと思って、今度は学問の方向を生物学に取り替えてみた。けれども、同じくやはり科学ですから、結局一つところを行ったり来たりしたというだけのほか、何も得たものはなかったわけだ。

インドへ行って初めて、これは科学じゃ人生は解決つかないと。科学で考えられることと科学で考えられないこと、どちらが一体人間の生命の中に多いかと言えば、考えられることよりも科学で考えられないことのほうが多いということがわかったから、これは考えられないものを多く生命に持っている以上は、科学じゃ考えちゃいけないんだと。

さらば哲学の研究にかかろうと。

ところが、この哲学の研究というやつがね、科学の研究と全然研究の態度を変えなきゃならないんです。

科学の研究というのは1＋1＝2というのを、論理思索のデータとして考えを進めていけばいいわけでしょ？

ところが哲学のほうにはそのデータがないんだから、考えようにも。リファレンス（参考）もなければ、これを証拠立てるところの考証もなく、データもないんですから、リファレンスがあろう道理がなく、また、考証のあるはずがなく。いわんや、ましてデフィニション（定義）においてをや。全く、目の見えないやつが真の闇夜に、ね、暗闇の部屋の中でもって、見えないものを探すのと同じことなんです。

ただ、人間にはありがたいかな、普通の動物と違って、ものを考えうるという透徹《とうてつ》した思考作用がありますから、それを応用することによって、普遍的妥当性な考え方で論理思索を進めていくのが哲学の建前なんだ。

今までそんなこと夢にも考えたことのなかった人は、そんなことを考えられる人間がいるのかしらんと思うかもしれないけれど、考えられる人間がいたから、あなた方がこうやってからに、とにかく今、喜びの救われを感じるんでしょう。

まあ、よくそう当てもないものを考える気になったなと言うけれど、前に当てになることを考えて考えきれなかったから、当てもないことを考える気になったんで。いきなり初めから哲学の研究なんかしやしませんよ、私。やはり科学の世界に生まれたんだもん。

「体調最悪なので修行を休ませてくれ」と先生に言ったら

そこで、インドの三年間、もう孤独の生活を忍びながら、それは熱に苦しめられ、血へどを吐きながらこの三年、ああでもない、こうでもないと山の中でたった一人、所在がないんですから、考えるよりほか。また考えに行ったのがインドの山の中の毎日なんだから。

そうしてだんだん、だんだん、だんだん、心の中にあけぼのの光が差してきて、そして今やまさに諸君のお耳に入れようとする、「我とは何ぞや」ということがわかりかけてきてから、全く文字どおり面目一新《めんもくいっしん》と言っても決して誇張でないほど、私の気持ちが変わっちゃったんだ、気持ちが。

肉体が先に変わったんじゃありません、気持ちが変わっちゃった。

そうしてもう、今までひっきりなく自分の頭の中を苦しめていたいっさいの煩悶《はんもん》や苦悩から、もう本当に完全に解脱《げだつ》ができたと言っていいような、晴れ晴れとした気持ちになっちゃったな。

最初の二カ年間というものは、それはもう地獄の底なんていうのはこんなことかと思うくらい苦しんだんですよ。愚痴《ぐち》をこぼしたり、世迷い言《よまいごと》を言う聞き手がなかったので幸いでした。これが町中であんな煩悶や世迷い言を言うような悩みが出てきたら、ただますますいけないでしょうね。なぜかと言えば、その話し相手になってくれる相手がみんな、それは同じような同類項の人間ばかりですもんね。そうすると首くくりの足を引っ張るようなまねを、善意でしますもん。

だれも相談相手も何もないんだから。山の中でたった一人。頼みにも先生なんていうものはね、ことかりそめにも、積極的なこと以外ということは相手にしないんですから。それはもう実にね、何てまあ薄情なんだろうと思うような態度を平気でするんです。薄情じゃないんだ、本当の親切なんだけれどもね。

毎日毎日、十八町一里の山道を、山の奥へ行って座禅を組まなきゃならない。ある朝のこと、頭痛がして、前の晩から熱がもう少し高かったので、ふらふらになって、とにかく断りに行こうと思って先生の前へ出たんだ。

「ねえ、先生、きょうはおそろしく体の具合が悪いんですが、きょう一日休ませていただきたいんですが」

「休むってどうするんだ」

と言うから、

「山へ行かずに下にいようと」

「下にはおれ、いないよ。おまえはおれと一緒に山へ行くと、おれが一緒にそばにいるんだぜ」

「ええ、いや、それはわかってますけど」

「なんでそんなこと言うんだい」

「もうゆんべから熱が出ましてね。今朝も頭が痛くてふらふらなんです」

「ああ、ゆんべから熱が出て、今朝は頭が痛くてふらふらで山に行けないってのか」

「はい」

「それ、だれが言ってんだ」

「今、私があなたに言ってんだ」

「おれはね、天がね、おれに、この男は体が悪くてとても山まで歩けませんから、ここに置いておいてくださいと言うんなら、おれは置いてく、おまえを。天、何にもおれに言わない。おまえが一人で言っている。駄目だな。ここにいるよりおれと一緒に行ったほうがいい。どうせ悪くなるんなら、おれがそばにいたほうが安心だよ。とにかくいけない、ついてこい」

まあ、なんて薄情なことを言う人だろうと思ったよ。

これが下界《げかい》に、下界というのはおかしいけれど、こういうところにいてだね、どこかへ一緒に行く約束してだ、たとえば愛人同士でランデブーするときだってそうだろう？

「行きたいんだけどもな、せっかくのデートだから、おれも楽しみにしていたんだけれど、とにかく頭が痛くて熱があって行けねえんだよ。こんなしょっぱい顔して一緒に歩いてたって、おまえ面白かねえだろ。だからきょうはやめようよ」

って言やあね、相手だってね、それでもついてきなさいとは言いやしないやね。

「そう、それじゃ、この次にしよう、残念だけれども」

と、承知してくれますわね。中にはそれをいっそ、頼みもしないのに立ち入ってまで心配する人があるね。

「そういや顔色悪いわ」とかね。

「ちょいと脈見てあげましょうか」とかね。

「体温測りましょうよ。あら、ひどいわ。お休みなさいよ。もうデートなんかしないでもって、きょうは私、あんたの枕元についいててあげるわ」

枕元についていてられれば、余計悪くなるわ、こういうのはね。

それを、まあね、全然相手にしないんですから。西洋のことわざに、なんてあいつ冷たい、薄情なやつだろうという言葉に、She is just as cool as a cucumber という言葉があるね。西洋の言葉は妙だよ。冷たいキュウリのようなやつだ。日本では、冷たい氷みたいなやつだなんて言うけれどもね。どういうわけで cucumber と言うのか。cucumber というのは見るからなんとなく、こう、情も情けもないように見えるから言うのかね、あれ。アメリカでは言いますか言いませんか知りません。私はロンドンでこの言葉を聞いたことがある。そのときつくづくそう思ったよ。こんな、えらい人間か知らないけど、cucumber みたいだぞと思って。

恐怖の崖道を抜けてみると

それでもよ、十八町一里、先生はロバに乗って、私はその後をくっついていく。

そうして普段通らない崖道を通らされて。下を見るてえと、もう底が知れない谷底でもって、道の幅一尺ぐらいしかない。片方がまたきったての崖でさ。

もうしょうがない。落っこちまいと思うんだから、片方のほうへしがみつくようにして五町ばかり歩いて。

そしてやっと広いところへ出たら、先生が後ろを振り返って、

「どうだ、頭の痛いのは」

「頭の痛いのなんか考えちゃいられない！　こんなところでもう。落っこちやしないか、死にやしないかと思うもんですから、忘れちゃいました！」

「ほうら、みろ。したらおまえ、本当に体が悪いんじゃないんだ。本当に体が悪いんじゃや、ここまで来られやしなかったんだから、うそつきやがって」

うそじゃないんだけれども、それほどひどくなかったことは、それでもわかったわけだけれど。

自分が非常に大仰《おおぎょう》に考えていただけなんだよ。

それらの、そのいろいろの試みにあってからに、それはもうね、すっかり心の中が晴れ晴れとして。

古往今来《こおうこんらい》、人生を研究している学者や識者が今なお千古《せんこ》の疑問としている、心身統一法というような方法まで、とにかく考えつく一番の最初の、この問題までがわかりかけてきた。それで言葉や文字ではもうとても形容できない幸福な人生です。

よくぞ人と生まれけりという境地

そう、本当にだれよりもかれよりも、私一番幸福だと思っている。もうこれより以上、ですから、どうなりたい、ああなりたい、あれがほしい、これがほしいということ、断然言いもせず、また言いたくもありません。言う気持ちなんか出えへんもん。

だから、会員諸君よく知っているじゃないか。

「先生、何かほしいものがあったらおっしゃってください」

「ないねえ」

「そんなことおっしゃらないで言ってちょうだいよ。せっかく何かさし上げようと思って」

「そうかい。何かさし上げようと思ったら、自分で勝手なもの持ってこい。どんなもの持ってきたって礼だけは言うから」

それは言いますよ。つまんねえものを持ってきてもお礼は言います。ただ、腹の中で「こんなもの持ってきやがって」とは思いますけれど、口に出しゃしない。

しつこく聞くとき、いつも私が答える言葉はだれにでも同じ言葉でしょう？

「どうしても何かおれに、あれかい、おれのほしいものを聞きたいと言うんなら、言って聞かせる」

「はい、おっしゃってちょうだい」

「じゃ、言おう。おれはね、他に何にもほしいことはないんだ。おまえがもっと幸福になりゃいいんだ。それだけでいいんだよ」

「そうじゃないんですよ。それはもう幸福になってますから」

「いや、もっと幸福になれ」

「何か品物を」

「いらないよ。かえって荷物になって困らあ」

今でさえ、断り切れないほど、もうね、いろんなものを皆さんがくださるのでもって、いつでも帰りがけにもうこれだけが一荷物です。だから、古い会員はなるべく物を持ってこないようにしているんですけれど。何か物をやらないてえと、本当に自分の感謝が届かないように思っているのが日本人ですから。

もっともそれは私みたいな人間が余計いたら、お菓子屋や果物屋が営業の上に差し障りが来るでしょうから、ですが。

とにかく幸せに満ちきっていますから、何も私は欲《ほっ》しないのであります。

そういう人間にあなた方がなってごらん。するともっと人生、ああ、よくぞ人と生まれけりという幸福を感じるから。

もうだれでもがかれでもが、もう私の古い会員は別として、なんとも人に言えない妙なそぐわない気持ちを持っていたり、あれさえなかったらなと思うような煩悶があったり、これがこうなったらというようなアプリケーション（志願、申込み）があったり。

何かなし、心の中に形容のできないむら雲が行きつ戻りつ。

これは結局要するに、幸福じゃありませんぜ。だから、最初に注意したとおり、そういう人間でなくすために一番先に人間が、自分が何だかということをわからなきゃあ。

「おまえの本当の正体は何か？」と聞かれて答えられるか

さ、そこでいよいよ、何でしょう、一体、自分というのは。

これから考えよう。

私はこれをね、間抜けなことを答えたことがあるんだ、インドで。

「おまえ、何だい？」と聞かれたの。

「What's your substances?」

何のことだかちっともわからない。

それで、「I am human beings」と言ったら、

「I know human beings very well. What's human beings?」

human beings（人間）とは何だと聞いたって、答は簡単じゃねえかね。すべての生物の一番すぐれたもの。これよりほか言葉は知らないんだ。そしたら、

「それだけじゃ human beings というものの本当の価値は裏書きできない。おれがおまえに聞い

ているのは、おまえは人間かと聞いてるんじゃないじゃないか。おまえが人間だと言ってる、その人間というおまえは何だと聞いているんだ」

わからなくなっちゃったよ、そうなったら。おかしな質問しやがるなと思ったんですよ。そうでしょう？

「What's your substances?」

substances（本体、実質）なんて考えたことないもん、それまで。

そしたら、とにかく考えろ。きょうすぐ答えるということは、おまえに大変難しい問題だと。「おまえの本当の正体は何かってこと考えない限りは、おまえが何だってことがわかるか」と言う。

おれの正体なんて考えたことありゃしない。

今すぐわかるように説明しますが、考えてごらん。

あなた方、自分というものの正体、何だか考えたことあるかい？

今英語で言った「What's your substances?」と聞かれたときに答えられないだろう？　自分の正体は何だということ。

紳士淑女諸君、考えてごらんよ。

本当の自分というものの正体は学問的に言うと、真我《しんが》の本質ということになりますね。真我の本質。

あんた方は自分というものを、もう一番、この人生を考える考え方が無学な人は、形の見えている体が自分だと思います。

これは野蛮人だってそう思ってる思い方なの。一つの文字も知らない、何の教養も持たない、ただその日その日を生きているから生きているという野蛮人でさえ、自分てえものを体だと思ってます。

これは、文化民族の持つべからざる自己意識だよ。

この体が自分だと思っているのは、ちょうど、何のことはない、着ている着物や洋服が肉体だと思っている考え方と同じです。どんなそそっかしいやつでも、あなた方、自分のハンドバッグや自分の着ている洋服や、ねえ、あるいは靴や帽子を肉体だと思う？ スカートにほころびが切れているときには、「それ切れてるねぇ」「うん、私の体が裂けた」なんて言うやつはないだろう。

着物が肉体でなかったらば、肉体は自分でないということが考えられそうなものですが、それは考えないんです。

真我の本質とは、普通の人間が考えられないのも無理はないんですよ。

真我の本質、本当の正体というのはね、なんと、目に見えない、つかまえることもできない一つの気体。これが真我の本質。これが本当の自分の正体。

気がつかなかった。おいおいにわかるように、今、お話しするがね。

心や肉体は、人間でも命でもない

ところが今も言ったとおり、それをそうと考えませんよ、あなた方は。考えないというより、考えられないというほうがいいかな。考えるべき何ものもないんだもの、心の中に。

それというのがね、何しろ真我の本質というのは気体なものだから、これ、意識的にわからないでしょう？　つかまえることもできなきゃ、見ることもできないものだから。

それがために、自分というものを何か目に見える肉体か、さもなくんば、目には見えないけれど、あの不思議な働きを行う心かなと、こういうふうに感じるんですよ。

しかし、そういう考え方は、野蛮人でさえしてた考え方だと私が言ったんだけども、厳粛《げんしゅく》に学問のほうから言うと、心や肉体を人間だと思い、または心や肉体を、よろしいか、命だと、こういうふうに思っているがためなんだよ。

心や肉体は人間でなく、また、心や肉体が命ではないはずです。

しからば、心や肉体とは何だということを考えてごらん。

わかりやすく言えば、体や、また心というのは自分の命を生かすための道具なんですよ、これは。

命というものは、この気《き》の中にある。

ここに光っている暗夜《あんや》を照らすこの光も、ここでもって面と向かって膝付き合わせているぐらいの小さな声でものを言っている声が、向こうの廊下までも響くような、このマイクロホンも、それからまた、夏の暑いとき、風を起こしてくれる扇風機も、ねえ、みんなそれ自体の物質的なものが、その作用を起こしているんじゃないでしょう？

すべて「電気」というものが一つの流れの状態になったのを、スペシャル・エレメンタイズを施《ほどこ》して、光としたり、あるいは一つの力としたりした、その現れでしょう。

肉体を自分だと思っているやつは、これ（電灯を叩く音）が光っていて、これ（マイクを叩く音）がものを言っていると思っているんだ。着物が肉体で、したがって着物も自分だと、こう思っているんだ。

心や体は要するに「道具」だ

いかが？

それを私は全然気がつかなかったよ。

もっともあなた方みたいに要領が良く、何日かぐらいでこんな大きな真理をつかむなんて、聡明な頭を持っていないから、十六年ものたうち回って困ってやがったんだけれど。

だから、その当時私は、絵筆が転がっていると絵描きだと思っていたような思い方をしていたんだね、結局、早い話が。鉋《かんな》が転がっていると、あれあれ、大工ここでサボタージュやってやがるというふうに思っていた考え方を、間違っていないように思っていたんだ。

よく考えてみれば、これは滑稽《こっけい》な間違いですよ。

ハンドバッグは自分じゃない、帽子は自分じゃないはず。それを生きるための道具として与えられたものだから使っているんだということは全然考えない。

自分のものだとは言えますよ。その肉体だって、見えない心だって。自分のものとは言えるが、自分のものと言うのとだよ、自分だというのは違うだろう？　この意味、無学でない限りはよく考えてごらん。

自分それ自身と自分のpossess（所有物）とは違うはずだもの。

体や心は自分でない。自分というこの気体である真我の本質が、現象界にある生命活動をするために必要とする道具なんですよ。

これは人間がこの世に生まれてくるときの順序を考えるとすぐわかる。ねえ？　だから哲学的に言えば、心や体というものは、自分というものを人間としてこの世に立派に生かすのに必要とする命の道具なんです。

わかるでしょう？　そいつが私はわからなかったんだ。

たいがいの人が自己意識のしかたを間違えている

だから、心や体は我ではない。

もっと詳しく言うのなら、心や体は自分というものが生きるために使う命の道具として、造物主が与えてくれたもので、決して自己それ自身じゃないわけ。今言った、絵筆が絵描きでなく、鉋が大工でないのと同じだ。

しかし、それをそうだと大抵の人は理解していません。だから、諸君も同様に理解していなかったんじゃないか、今まで。

しかもその無理解の理由は、いわゆる真我の本質は一つの気体であるということが正しくわかっていないからなんだ。

しかし、遠慮のないことを言うと、これは本当に哲学を研究しない人にはわからない、ちょいと難しい問題です。

私もね、「おまえ医者のくせにあれじゃねえか、人間がどうしてできたかってことわかったらば、おまえというものの正体は肉体でないということがすぐわかりそうなものじゃないか」と言われてもわからなかった。

医学のほうでは、できる原因は研究してないもん。できてから後のことを研究しているんだもん。

ですから、哲学的の論理思索の経験のない人は、どうしても自分というものを考えるときですな、要するに自己意識ですね。自分を考える考え方、自己意識。そこに非常のミステイクのあるのを容易に自覚しないのです。

だから、あなた方自身が自分自身を考えるときは、すぐ肉体とか心とか、どちらか言っているだけでしょう。「私とは」、「私の心が」とこう言っている。で、「私の心は」と言いながら、私の心と言っているんだから、心が自分でないことはわかっていながら、口癖に言っていながら悟れないいんだね。

「あんたそう言うけどもね、私はそう思わない」。私がそう思わないということは、私自身がそう思わないという心の働きを、自分の正体がそう思わないと思ってる。

そうだろう？　その区別がちっともつかないんですよ。

知恵ある人はなぜ神経衰弱になりやすいか

そういうのをね、肉体が自分だと思っている人のことを本能階級、それから精神が自分だと思っている人のことを理性階級という。

階級の名前は学問的につけた名前で、両方ともこれ、正しい我というものを表現している考え方だとは言えないんですよ。ただ、考え方があべこべになっているだけ。

一方は体が自分で、心はその体を生かすために必要な働きを行ってくれているものだと思っている。

一方のほうは、いやぁ、見えない心が自分で、体はその心に付属しているものだと、こういうふうに思っているだけで、こう、あっちゃらこっちゃらになっているだけなんだ。

自分でないものを自分だと考える考え方を、ただ、取り替えて考えているだけなの。

そうでしょう、自分、人間というものを体だと思っている人間は、さっきも言ったとおり、人間の世界では野蛮人に多いし、それから動物の世界じゃ、人間以外の犬や猫や猿や鳥、虫、バッタ、コオロギに至るまでも、みんな肉体が自分だと思っていますよ。

だからかりそめにも万物の霊長としては持つべからざる、これは自己意識なんだが、遠慮なく犬や猫のまねをしているわけなんだ、あんた方が。まあ全部がそうではなかろうけれども。

それから、心が自分だと思う思い方をしていると、それが結局どういう結果が来るかというと、自分じゃ気がつかないうちに、精神至上主義という人生に対する考え方が、非常に人生を考えるときに力強く働き出してきて、するとその結果、理性一本で自己を統御《とうぎょ》しようとする傾向が生ずるんであります。

いいかい？　すると、理性一本で自己を統御しようとすると、いきおい、どうしても理性の発達のほうに重きを置くことになるから、学問をしよう、知恵をつけようと、こういうことになる。

それじゃあ学問をして知恵がついたらば、完全にそのつけられた内容の豊富になった理性で、自己の統御を思いどおりできるかと思うと、断然できないんであります。

それがさっき言った言葉にもあるとおり、理性で解決のできないような恐ろしい事件が、いつ何時起《なんどき》こらないとも限らないのが人生だね。

そういうとき、理性で解決ができないときはどうなるかというと、その人間は、これは極度に失望し、落胆して。

そして失望すれば、落胆すれば、必ず当然の結果として、その人の心の中には明るさがなくなって、消極的な気持ちが出てきて。

そして憐《あわ》れ、朝から晩までのべつ年中どんな身分におろうとも、学問があるにもかかわらず、煩悶続出という憐れな状態が出てきて、結局みじめな人生に明け暮れを生きることになるんであります。

またそうならないまでも、常になんとなく満たされない不平と不満、そして、何てことはないんだけれど、どうもなんとなくこう落ち着かない不安を心に感じて生きる、いわゆる神経衰弱的な人生に生きるべく余儀なくされちまう。

自分でこういう話を聞きながらよく考えなさいよ、自分自身どうかということを。

気の小さい人、気の弱い人、あるいは、何ていやあすぐものを悲観したり、怒りっぽかったり、すぐ悩んだりするような人てえのは、結局この理性階級の人に多い。

野蛮人にはこの理性階級の人がいませんから。なぜと言えば野蛮人には理知の教養が文明人と違って、極めて乏しいんですから。したがって彼らには、要するに理性らしいものがひらめいていないいんですから、文明人のような神経衰弱という病は野蛮人にはありゃしませんよ。

ただ、もう食うに食い物があって、そして交わるに異性があって、それできょうが無事に生きられさえすれば、野蛮人はそれ以上の欲望というものを知らないんだから、出ませんよ。

ものごとを知らないことの気楽さ

私はインドへ行きたての頃ね、こんな山の麓でもって、親代々子代々、文化の光に少しも接しないで生きて死んじまうなんて、気の毒なものだなと思ってね。せめて文明国のわれわれの生活を話してやったら功徳《くどく》になると思ってね。

「おまえたちね、生まれてから腰のとこへそういう布を巻いているだけの裸で、のべつ裸足《はだし》で、それでおまえ、幸せだと思ってるか？」

「幸せだよ。何にもこれ、ひもじくも何にもなく、こうして使われてさえすりゃ」

えらい人がいますから、いわゆる哲学の研究の学者に使われてんだから。

「ここで働いてさえすりゃあ、もうちっともひもじくないんだから」

つまり、食えさえすれば幸いなんだ。それからね、

「おれの国に行ってみろ。少し遠くへ行くときにおまえたちは、どんな場合でも、ご主人が馬で行ける場合でもおまえたちは歩いていくんだろう？」

「そらそうだ」

「おれたちはな、馬が大きな箱を引っ張っている馬車に乗るんだよ」

「なんだ、そらあ」

と言うから、地面に絵をかいてみせて、で、

「これを馬が引っ張ってるんだ」

「そんな大きな箱を、何頭の馬に引っ張らせる」

「二頭だ」

「まあ、随分おまえたちは残酷なまねするな。人間が一人おぶって歩くんだって大変だろうと思うから、馬にだって二人乗りゃしない」

「いったい何人乗るんだ」

「多くて二十人は乗る」

「まあ、実になんとおまえたちはそのね、自分の友達に薄情なまねするんだ」

馬や何かみんな友達だと思っているから。

「そしてみんな、あれだぞ、おまえたちの主人の住んでいるような、あんな家でなく、もっと立派なうちに住んでいて、夜寝るときにはなあ、布団《ふとん》てえものがあって、それへ入って、それを掛けて寝るんだ。おまえたちみたいに、ねえ、木の下の中でもって、それなりに寝てしまうんじゃねえんだ」

「そんな暑苦しいものの中へ入って、よく寝られるな」

それから私にね、腰へ巻くターバンをね、

「おまえの国ではこういうものを使うか」

と聞くから、

「使うには使うけれど、こんなふうにして腰へ巻いただけじゃあないんだ」

「どうするんだ」

「じゃ、してみせてやるから」

それで六尺ふんどしを締めるそのままのことをしてみせたらね、

「おお、いや、大変なことするな」

と驚きやがったらね、向こうの先生が見ていてね、走ってきて顔色変えて、

「危ない、やめ、危ない」

危ないと、つまり、締めつぶしてしまうといけないと思った。

なあ、こっちはむしろ野放しにしているほうがはるかに、なんだか頼りなく思っているのにね。人情風俗が違うというのはこれだと思った。

何を話してもうらやましがらないんです。うらやましがらない。知らねえんだから。

知らないというぐらい気楽なものはない。

だから、早い話が今でもそうでしょ？　われわれは知らないことを聞かされたってうらやましくも何ともありゃしないやな。知らねえんだもん。

それと同じで、彼らは彼らが生まれてからそこで住んでいるところが一番自分の、ねえ、適当な住みかだと思っているから、それ以上のものを知らないんですから。

もしも彼らをですな、神戸なり大阪へ連れてきて、たとえ一月《ひと》でも二月《ふた》でも、この文化の生活をさせたら、これは、今度は帰ってから自分の山の麓の、ねえ、豚や馬と同じような生活は嫌だと思うでしょうけれども、知らねえんだもん。

だから野蛮人なんていうものはね、始末がいいんですよ。神経衰弱起こさないもの。

お気の毒なり、理性階級

そこへいくてえと、ああでもない、こうでもないのと理屈知っている理性階級の人というものは気の毒だよ。

本能階級のほうは精神的に、ねえ、よけいな負担がないんだから。

ところが理性階級のほうは、もう人生に精神的負担が実に、これはもう自分でも考えきれないほど背負わされているし、背負わされているわけじゃない、背負っているもの。要《い》らないものまで背負いだしているから。

ちょうど、何のことはない、重いカバンをしょっちゅう提《さ》げているやつに、

「失礼さんですが、あんたお会いするたびに、その大きなトランクを提げてらっしゃいますが、それは一体何が入っているんです？」

と聞いてみると、

「いや、これ何ていうことはないんですがね。いや、もうくだらないものが入ってるんですが」

「じゃあ、何もお持ちにならないでお歩きになったらお身軽でしょう」

「いや、それがですなあ。くだらないものですけども、これ、持たねえとどうも何だか気になって歩けないんです」

ああ、この人はいい心がけの人だと思うかい？

さて、あなた方は見えない大きなトランクの中に、見えないくだらないものを入れて、それを捨てちまえばいいのを背負って歩いてやしないかい？

へえ、気がつかないだろう、アホウほど。

それが結局物思いとなり、煩悶となり、気病みとなるんです。

何でもないとき、それを思わないときはとにかくも、ちょいとでもそれを思うてえと、ああ、あの子がもう少し良くなったらとか、ああ、あの人がもう少しどうかなったらなんてなふうに思うと、く一っと気が暗くなるんだ。

トランクを、頼まれないのに持っているから。

心というものはそれと取り組まなければ何にもそこに憂《うれ》いも煩悶も出てこないんだぜ。

思わざれば考えず、なんだよ。

子どもだってそのぐらいのことは知ってるぜ。思わざれば考えず。

思わないのに考えているやつがあるものか。思うからこそ考えるんだよ。

だから理性階級というのは、もう思わなくてもいいことを思い、忘れてしまっていいことを忘れないで、しょっちゅうそれで自分の心を痛めつけて、言いしられざる煩悶と仲良しにして、毎日を生きているやつのことを言う。

そういう人間はどんなに知恵ができようが、どんなに学問しようが、ただますます知恵を増やせば増やすほど、苦しみは増してくるんだ。

だから昔からもう、二千年も前に孔子が言っているだろう。

「いよいよ究めていよいよ苦しみ、いよいよ学んでいよいよ迷う」

というのはこれなんだ。

現代では没却されている孔子の言葉の真意

「学は知るにあり、知ってしこうして後、行うにあり。行うに信なくんば能《あた》わず」

孔子は立派に二千年前に言った。

学問というのは何も知らないことを知って、知ったことを今度は行いなさい。行うのに、ただ、信念がないと迷うよ、と、こう言ったの。二千年も前に。

ところが、文化は二千年の間におびただしい状態で進んでいながら、現代の文化人には、これが全然没却《ぼっきゃく》されてやしない？

学は知るにある、までは言います、学問をしてるやつはね。何も知らない世界のことを知るために学問をするんだと。

それから先がいけない。学は知るにあり。

孔子は、知ってしこうして後、行うにあり。

現代人は、知ってしこうして後に迷うにあり。

孔子は、行うに信なくんば能わず。

今の人間は、迷って苦しむにありと、これだけのこと。

これ、あんた方のことを褒めているんじゃないんだぜ、これ。

もしもここに人がいなければ、私ひとりで何か言っているとすれば、こういうこと言いますよ。

「何だよ、えらそうな顔しやがってからに、紳士だ淑女だなんて言いやがってからに。いや、大学出たの、いや、学位を持ってるなんていったって、何のことはねえじゃないか、あいつら、もう、野蛮人にただもう、ねえ、一皮余計な知恵がついているだけでもって、野蛮人より始末に悪い。おおべらぼうなやつらばかりじゃないか」

こう、ひとりで言わせれば言いますけれど、まさかあなた方はね、可愛い弟子だもの。子どもの悪いのを親が見れば、身びいきでもって、ああ、あんなに悪くても、世間の子どもよりはというようなふうに思うと同じで、私もやっぱり弟子であるあなた方を見りゃ、随分くだらねえのがいるらしいけれども、そこまでは極端に思いませんけれど。

とにかく理性階級という人はですね、ただいたずらに理屈だけをべらべらべらべらしゃべることは、もう人の幾倍か上手で。そして、心の中はというと、反対に目に勢いのない、野蛮人より人生を安心して生きていませんよ。始終おどおどせかせか、何ということはないけれども、落ち着かないでもって、これはもう。

ですから、笑い顔一つ見ても、現代人の笑い顔には、にせ笑いが多い。心のそこから本当に天真《てんしん》を流露《りゅうろ》して笑う人が少ないのは、心になんとなく、なんとなしに、変なものが入っているものだから。

それというのも、本当の自分というものを考える目標に誤りがあるからなんだ。だから本当の安心した、真人間の人生に生きたかったら、何をおいても、

「この真我の本質は心でも肉体でもないぞや」

「目に見えない一つの気体ぞや」

ということを、これは絶対の真理なんだから、それを自分の正しい自覚にしなきゃ駄目ですよ。

理屈でわかろうとしたら、わかりゃしませんから。あなた方にわかる理屈がないんだもの、これを理屈で説こうとすると。

人間はどこからこの世にやってくるのか

さて、気体とは何だろう。

この気体が命の中枢を成しているんですがね。the center of life であります。命の中心はこの気体が受け持っているんだが。

日本では古来からこれを俗に言う霊魂《れいこん》と呼んでいます。霊魂。英語で Soul というあれだ。

ただ、この霊魂と呼ばれる気体は普通の場合、何としてもわれわれが感覚できません。こんな色だとか、こんな格好だとかということで。そのためにそれが本当の自分の正体だとなかなか思えないんですよ。

そのくせ、霊魂だ、魂だということは口では言っていますわね。

宗教は迷信よ、なんて言っているような現代の若い世代だって、霊魂とか魂ということを全然没却して人生を語っている人はありませんよ。

原因なくものができようはずがないでしょ。

こうしたとにかく現象世界に肉体という生命の道具を与えられて、生かされているお互いの一番の大根大本《おおねおおもと》はこの気体だということを考えてごらん。

ただ、これがフランス語で luminiere obscur（見えざる光）という言葉で言い表していますが、何としても見えないもの。これが人間の生命の根本中枢を成している。

それはあなた方がこの世に出てきた順序を考えてごらん。

肉体が一番先に出てきたのなら、肉体があなた方ですよ。

なるほど、現象界に出てきたのは、この肉体が出てきたでしょう。だけど現象界に肉体が出る前に、あんた方はどこから、どこにいたんだ。どこから出てきたんだ。

「うん、そりゃもうよく私わからないけども、なんでもおっかさんの体からおぎゃあと産声《うぶごえ》高く上げてこの世に出てくる前は、おっかさんのお腹《なか》の中にいたそうです」

それは「いたそうです」って言うしかしょうがない。自分でいた覚えがないんだもんね。まさに確かです。十月十日《とつきとおか》という立派な日限《ひぎ》りいた人もありゃあ、少し、ねえ、水増ししてからに余計いた人もあるし。中にはまた、これは恐ろしいせっかちでもって、早く出たやつもいますけども。とにかく人間の格好のできる間の期間だけは、おっかさんのお腹の中にいたわけだね。

その前は？

「その前どこにもいません」

うそつけ。おっかさんのお腹に入る前には、おとっつぁんの体の中にいたはずだ。その親父《おやじ》がいなくて子ができた人があったら手を挙げてごらん。

おとっつぁんの体の中に入る前は、仏教の禅のほうに、

「闇の夜に鳴かぬ烏《からす》の声聞けば　生まれぬ先の父ぞ恋しき」

というのがありますな。

もちろんわかりません、あなた方には、失礼ながら。坊さんでさえ、大阪で坊さんが来ていますが、

「ああ、先生の話を聞いて初めて、この禅の悟りの歌がわかった」

と、この間もそう言ったんだよ。

もういっぺん言おうか。

「闇の夜に」って言うんだよ。「鳴かぬ鳥の声聞けば」って言うんだ。

これ随分無理な注文だよ。闇のように鳥は真っ黒けだから、見えないはずだのに、おまけに鳴かない鳥の声聞けって言うんだ。

するてえと、「生まれぬ先の父ぞ恋しき」。

なんじゃもんじゃ、ちっともわからねえだろう？　それが禅というもの。

「生まれぬ先の父とはそもいずこにおわしますぞ」

それこそキリスト教じゃないけれども、天だ。

天のどこ？

それは知らねえよ、おれは。

生命の根源は、見えない世界に充満するエネルギーにある

とにかく何にもなく見えるこの空《くう》の世界は無《む》の世界でないことは、今の若い人たちみんなよく知っているね。案外おっさん、おばさんはご存じないが。

この見えない空の世界には、あるもあるも、ところ狭きまで充満しているプランク定数ｈ（量子力学的な現象を特徴づける普遍定数。ドイツの物理学者マックス・プランクが一九〇〇年に発見し

た）というものがあるね。何だろう、プランク定数hというのは。今を去ること五十年以上前、ドイツのプランク博士が発見した空なるものの中にあるものが、そも何やということだ。

いつの時代が来るとも変わらなき変化のないところの水素ガス。

ありとあらゆるすべての森羅万象《しんらばんしょう》のことごとくのすべてのすべて、みんなこの水素ガスの中にある、それぞれのエネルギーによって作られている。

そうです。人間は人間となるべきエネルギーがこの水素ガスの中にある。犬となるべきもののエネルギーは犬。タヌキとなるべきエネルギーはタヌキと、こういうことになるんだ。

だんだんこのエネルギー要素の消滅したものは、前世紀の動物となってからに、現代の動物ではなくなって、マンモスなんていうものがなくなったのはそれなの。

やがて時が来たらゾウなんてものがなくなる時代が来ようし、クジラなんてものもなくなる時代が来ましょう。

そういうエネルギー要素がなくなったものから、片っ端からこの地球の中にその形をなくしていきますからに、また新しい格好のものが増えてくるでしょう。

今を去ること百万年前とだれが言ったか、人類進化論者が言っているんですが、人間の形を作るべきエネルギーが造物主によってプランク定数hの中につくられて、そしてピテカンエレクトスドロップスというものが生まれたんだ（※諸説あり）。森永の菓子じゃないよ。これが人間の先祖なんだ。

一番最初は、この気がただ天地陰陽《てんちおんみょう》の融合によってこしらえられただけなんだよ。

一番最初。ノミでもシラミでも、ダニでも南京虫《ナンキンムシ》でも。最初に二親《ふたおや》があったんじゃないんだよ。

最初はただこの気が、天地陰陽の気の融合によって。

カビ一つ生えるのだってそうだろう？　だれもカビの種をまくやつはいない。けれど、この気が、天地陰陽の気の融合によって、ある結晶体をつくったのがカビなんだ。

だからノミでもシラミでもダニでも人間でも、一番最初は、イブ、アダムがつくったんじゃない。イブ、アダムをつくったのがもう一つ前にあるわけだ。

だから、ピテカンエレクトスドロップスが人間の一番の源頭だと言うけれど、そうじゃない。その前にピテカンエレクトスドロップスなるものを、よろしいか、つくり出した最初は天地陰陽の気。

それは大は太陽から、日月星辰《にちげつせいしん》もとよりのこと、お月様も地球も、川も山も林も、いえいえ、目に見えない顕微鏡で見なければわからないようなアメーバもみんな、この天地陰陽の気の融合によってできたんであり;ます。

「肉体」というエレメントの不可欠性

天と地の気がハモネタイズ（融合）したときにできた現象が物質というもの。

だから太陽ができたのも、地球ができたのも、惑星ができたのも流星ができたのも、みんな同じ理由だよ、人間のできたのも。

そしてここに人間をつくるべきエレメントは、この天地陰陽の気の融合によって、ここに男と女というものができた。これをイブ、アダムと耶蘇教《やそきょう》（キリスト教のこと）のほうでは、高天原《たかまがはら》のほうではイザナギ、イザナミノミコトと。

まあとにかく雌と雄がいなければできないんだからね。ちょいと不自由なような便利なようなものです。これが一人でできた日には、事は重大になりますよ。雌と雄とでもって協同しないとできない。

天地の中に、もうこの人間となるべきエネルギーは充満しています。

そしてこのエネルギーを物質化するために、つまりエネルギーを形態化して、このエネルギーを躍動せしめるために、わかるかい？　一つのモーション・モーティーブを与えるために、その一つのエレメントをつくる必要がある。

いわゆる肉体という。

そこで、まず第一番に男性と称する一存在が、この気を受け入れるという役目を仰せつかっているのであります。

男、この気を受け入れる資格が体にできると、同時にその人間にこの気を感じて生ずる一つのセンスが、その頭の中に発生する。これを性欲と言います。

そうして、女のほうも、この男の気を受け取って、もとい、気から結晶されたものを受け取って、一個のエネルギーを現象かつエレメントたる肉体をつくるべき要素ができると、女のほうも性欲というものを感じるんだよ。

大事な講演だから聞きなさいよ。

ある一定の動作によって、これは古往今来、洋の東西を問わず、人間のやることは同じことです。

そして男子の体から女子の体へ、生命エネルギーの表現を行う肉体をつくるべき要素が送り込まれる。

送り込まれるときに、あなた方は知らずにいたかもしれないけれど、およそ一億から二億というものが送られるんだぜ。一億、二億。一千万の十倍が一億だったね、たしか。それの二倍が二億だ。それだけが一回の営《いとな》みによって男子の体から女子の体へ送り込まれる。

そうすると女子の体のほうの子宮では、一人の検査官がいて、これを卵子と称する。これが二億からかたまって、うわーっと来たやつの中から選び出すんだ、どれがいいかなと。

ひょいっと一つをつかまえる。それであとはみんなもういらないから、死んじまえーといって、受け取らないから死んじまいます。

受け取られないと、もう食うものがないから死んでしまうんだ。だからあなた方は選び出された一人なんだ。選んでこのくらいなんだ。

選び漏れしたほうは、あなた方の兄弟姉妹だったんだけど、どこへ行っちゃったかわからない。あの刹那《せつな》に。死なないで生き別れ。

もっとも、その時分には何の分別もなければ意識もない。虫ですから、あなた方。精虫という。

あ、精虫、よくこうなったね、うん。

わかった？

我とは霊魂という気体である

さあ、この厳粛な体という一つの物質が、現象世界に生まれ出てくるまでの間の原因を、それから同時に、そのパッセージ（経過）をじっと見てみると、ああ、なるほど、気だ、気がなかったらできやしない、ということがわかりそうだ。

それをアホかいな私、気がつかずに。

霊魂が人間の生命の本体。

心だ、体だというのは霊魂なるものが現象世界にある活動、モーション・モーティーブを行うために、その仕事を行う道具だということに気がついていなかった。

それだから、私は、私の体に病が生じたときに、私が病気だと思った。

そうじゃない。私の命が活動する道具が傷んだだけだったんだ。

それを、己が病になったと思った。あわてもんだから。

というのも、結局長い間、唯物科学の教育を受けていたために、もうどうしても人生を考えるのに、体を本位に考えているものですから、強気になれないんですよ。

仮にも人生というものをもっと安心した、明るい和やかな状態で生きようとするのには、よろしいかな、人生考察をプラスの方面からしなきゃならないが、プラスの方面からしようとするのには、きょうの講演に聞かれたとおり、

「我とは、心でもなく肉体でもなく、生命エネルギーの中枢を把握する尊厳なる霊魂と称する気体なり」

と断定しなきゃいけないんだよ。これは本当の真理なんだ。

これが一番自分を安心して人生に生かす秘訣です。

どんな場合にもそういう気持ちで生きられると、虚心平気《きょしんへいき》、安心立命、病が出ようが、人生の事柄に変化が出ようが、心まことに何らの波風立たないという状態になりうるんですが、どうでしょう。

肉体を我なりと思えば、常に肉体の変化が心に絡まって、ちょいとでも安心できません。

恐怖の大部分は、肉体を考えるために生ずるんですよ。

だから、昔の禅のほうでもこういう歌があるね。

「身を思う心ぞ心苦しめん　身を思わねば命安けり」

それは確かにそうだよ。体を思うからこそ、心がいろんなことを心配するんだろ？

体を忘れているときには、たとえよし、体がどう悪かろうと、心は決して体を考えていないんですから、命の全体は安らか。

肉体や心のつらさは諦めるしかないのか

それを私はね、ふっとしたことで悟ったんだ。今さっき言ったとおり、今朝頭痛がして熱があるよとインドの先生に言ったときだ。

「おまえ、ゆんべよく寝たかい？」

「ええ、とてもよく寝ました」

「そう。よく寝てるとき、苦しかったかい？」

「いや、夜寝てるときは苦しくはないですよ」

「どうして」

「だって夜寝てるときは何にも知らないんですもん」

「ああ、それがわかったら、まんざらおまえバカでもないな。それじゃ昼間もあれじゃねえか、寝てるときと同じように、それ考えなきゃいい」

「考えるなってそれは無理ですよ。目が覚めてりゃ、痛いとかつらいとかと考えないでいられません」

「それを考えないようにしたらどう、心の振り向け方を変えて」

随分無理を言うなと思ったが、よく考えてみればそれが本当やな。

ただ、振り向けが変えられないからこそ困る。

たとえば、心に何かわだかまる悶えがあるときだって、坊さんに言って相談するとね、

「いや、それは一応話はよくわかったがな。しかし人の世にまつわる業《ごう》というものは、だれでもこりゃ逃れることのできないもんじゃ。よってのう、そこがそれそう、諦《あきら》めじゃ。諦めてこそ、業というものが軽うなろうというもんじゃや、のう？　諦めなされ」

こう言いますよ、きっと。そうすると、そのときだけは、なるほど、これは諦めなされ、諦めなきゃいかんものだと思っても、帰りがけに、

「何だい、あの坊主、えらそうな顔しやがって、諦めなされ、なんて。しかつめらしい顔してね。人のことならともかく、この私のこの身に降りかかる、人ごとならざるところの出来事を諦めろとは何事だ。諦めようと思えば諦めようと思うほど、諦められないわ」

と、こうなるじゃないか。それは諦められないわ、肉体ばかり考えていたら。

それから、さらに心を我なりと思うと、精神至上主義に、どうしても自分の気持ちというものが取り組んでしまいますから、もう始終この無学な人間の知らない理知的煩悶に苦しむんだ。

自分でいろんな理屈を自分の苦しみにつけて、ねえ。そうしてもう、やるせのない取り越し苦

労や持ち越し苦労。これがああなって、こうなって、こうなって、ああなるとぺしゃんこじゃないか、とかね。

ああ、あのときにあれをこうしておけば良かったんだけれど、あれをこうしなかったばかりにこうなった、なんて。何のくその役にも立たないことを言っている。

客観的考え方をするだけで人生は楽になってくる

考えてごらん。

人生仮に百年生きても、決して長い時間じゃありませんぜ。

この宇宙がいつ始まったかわからず、いつなくなるかわからないという長い長い長い長ーい命を持つ宇宙の中に、百年なんて年月は夢一瞬よ。

その短い人生は、できるだけ値《あたい》高く生きるべしであるということぐらいは、何も理屈なしだってわかっていることじゃないか。

値高く生きようには、きょう聞かれた、ねえ、天風哲学の人生信条にのっとって、

「自分というものは目に見える肉体でなく、さりとて、見えない心でもない。一介の物質や抽象的に考えられるようなものでなく、肉体や心をつくって、さらにそれを使って命を活動させようとする生命の根本中枢である霊魂という気体だ」

ということを忘れないようにすることですよ。

それだけ考えられれば、病はすーっと軽くなってくるんだよ。そうすると、今までみたいに自分が病んでいると思わないもの。

自分の命の道具が損じていると思う考え方は客観的になるんですよ。

自分が病んでいる、自分が苦しんでいるというのは主観的なんですよ。

わかるだろう？

それを、考え方をひょいと変えてからに、自分の生きる道具として与えられた肉体が損じているとか、自分の生きる道具として与えられた心が悩んでいると思って、客観的になるんですよ。

つまり、隣のおばさんのお腹が痛い。こっちのじいさまが心配しているという考え方と同じ考え方になるんだよ。

客観的。客観的になると、ただ、その考え方がチェンジされただけで、もう、ぐーっと生命の中に生ずる、道具の中に生ずるところの、それを完全な状態にしていこうという力が働き出す。

これをデル・ナトゥール・ヘルトリープ（自然良能力《しぜんりょうのう》）だと言ったろう。

わかったかい？

「自覚」から「信念」へ

きょうはこの「自覚」だけでもって、修練会に来ると、今度はこれがわずか十日間の間に、もう自覚を乗り越えた「信念」になります。

いきなり信念づけてあげたいんだけれども、土台のないところへ、ねえ、仕上げはできないから、プロローグとしてこれを自覚づけているわけなんだがね。

そうしてこの信念ができちまうと、どんな頑迷な人でも、我というものはこの気であるということを、信念的に今度は理屈なしに考えるようになるから、この考え方がね。

期せずしてお互い人間が、お互いの命の中に心や体というものがあるということを、考えようと思わなくても、そうだと思うようになるから、今度はそれにとらわれなくなる。それは使う道具なんだから、ね。

そうすると、形容のできない、今までとは全然違った自己を安定せしめるべき、安心立命の心が、こうこうこう考えたからこうなったというのではなく、ひとりでにできちまう。

だから、すぐれた人間として生きていきたかったら、そうなってごらんなさい。私はそうしてきょうを本当に形容のできない、もううれしい以上の幸いに生きているんだから。

ただ、今までの多くの人々は、こういう事柄が、自分が難行《なんぎょう》苦行《くぎょう》しないとわからなかった。それで昔から非常にこの、山にこもり、谷に住まい、木の実を食らい、それはもう人知れない難行苦行でもって悟ろうとして悟りきれずに死んだ者が何人あるかわからない。

それがあなた方は天運なるかな、幸運なるかな、難行も苦行もする必要ありゃしない。難行苦行した人間があなた方に、こういうことをお知らせしているんだから、この上はただあなた方が、それを無邪気に、批判することなく受け取りさえすればいいんだ、あなた方の心に。

それでまあとにかく、

「そういう考え方が一番いいのか。よし。じゃあもう、理屈なしにそう考えた」

それで修練会に来るてえと、考えようと思ったことが、今度はもう、考えようと思わなくても自然とそれが自分の、ねえ、一つの観念になってしまう。それを信念という。

そうなってごらん。

なぜ安心が、形容のできない安心が心の中に生じてくるかというと、この気というものが、よろしいか、絶対に強いのであります。

気というものは、火にも水にもいっさいの何ものにも決して侵《おか》されないという絶対的なものだ。absolutely なものだ。

一体今までのあなた方が人生を本当に強く生きられなかったのは、この二つの事柄が正しくわかっていなかったからだ。

人間の正体は気であるということと、その気というものは、火にも水にもいっさいのものに負けないものだ。水火侵しあたわざるものだということを知らなかった。

いわき炭鉱で弾雨の中、鉄橋を渡る

私も戦争中にこれを知っていたら、もっともっと偉大な働きができたんだろうが、戦争が終わって病になって、インドの山の中へ入ってから、これを考えた。

その代わり、今度はこの悟りがひらけてから後は、それはもう自分でもびっくりするような大きな、よくまあ、ああいうときにあんなこと平気でできるよな、ということを、そのときに何も心配がないから平気でできたんですがね。

福島県の平《たいら》のいわき炭鉱の騒擾《そうじょう》事件を鎮《しず》めに行ったとき、警察が署長さんはじめとして私を止めるんだ。

「それはあんた、入っていったらもう、サル以上、犬以上、オオカミ以上、人間の格好をしたといったって理非のわからない炭鉱の穴掘りばかり」

今の炭鉱の鉱夫とは違うからね。

「まあ、おやめになったらいいでしょう。何も命がけでお入りになる必要ないでしょう」

「命がけって、私はあれだよ、この事件を調停して、この山の中にいる二千人近くの人間をなんとかしてもっと幸福にしてあげようと思ってここへ来ただけなんだ。

承《うけたまわ》るところによるてえと、この中では、もう一月からこういう暴動を起こしちゃって。で、仕事を休んでいるからお金は取れない。そうかといってからに、お金は取れなくたってものを食わなきゃならないから、食う銭がない。そこで自分の女房だの娘を女郎屋へ売って、それでそのお金で食べているという話を聞いたんで。

もう一刻も早く中へ入る者がこれをなだめてやって、資本主とこの人たちの間をうまく手を組ませてやらなきゃいけないと思うんで。それだから私は来たわけなんだ。その人間が、命が危なくなるなんていうことはないでしょう」

「いや、それはね、そういう理屈がわかる手合いならば、それはもうね、私はお止めしない。警察官としてこういうところへ出張《でば》っていますのは、ひょいっとこういうところへお入りになってからに、危害を受ける人があるのを防ぐためです。ですから、警察官としては、極力お止めする義務があります」

「いや、せっかくのご厚意ですが、ここまで来て、私ね、警察の方々が入れないと言ったからといって、あとへ帰っちゃったんじゃ、私、頼まれた人が私の恩師でありますので、恩師に、実はあそこまで行きましたけれども、なんだか炭鉱のやつらが私を、危害を与えそうだと警察で言うから、思い返して帰ってきましたと言えませんよ、私は」

「そうですか。しかし、まあ、それじゃ、あの鉄橋に一歩踏み入れてごらんなさい。そうすれば必ず私たちがお止めしている理由がわかるから」

ちょうど炭鉱の入り口のところにね、むしろの旗を立てて、もう盛んに気勢をはってね、もういろいろな旗が立っている。それでここに鉄橋があるんですよ。

この鉄橋というのがね、石炭を町に運ぶためにレールが敷いてある鉄橋なんです。で、ちょうど約三町ぐらいの長さの鉄橋なんだ。

そして、ここに警察がテントを張って出張っている。それでこれ、入ろうとする者を今言ったように止める。

そこで、どうなることかと思って、この鉄橋へ一足、足を踏みかけた。そうしたら、パンパンパンパンパンパーン！　と鉄砲を撃ってきやがった。向こうから。

そのときに、ひょいと私は一歩立ち止まりましたよ。そうしたら、警察が飛んできて、あまりそばには来ないんだ。鉄砲玉が飛んでくると思って。

「ほうら、もう、そう、おわかりになったでしょう。もう危ないからこっちへお入りなさい。何も縁もゆかりもないところへ来てからに、鉄砲なんかに撃たれちゃバカですよ、お入りなさい」

そのときに私は、あなた方に今言ったこれを思い出した。

「おれは、おれの正体は霊魂という気だ。さなきだにおれは今ここへ、この人間の不幸を救いに来たんだ。おれの気持ちはまごころのはずだ。この事件を調停して褒美をもらおうの、名をあげようという気持ちで上がってきたんじゃねえんだ。

この何の理解もない人間たちがだ、資本主との意見の衝突から、まかり間違えば、これはみんな法律の罪人になるかもしれない。

そいつを一刻も早く救おうとする気持ちは、少なくともこれは、おれが考えた気持ちじゃない。おれの霊魂の中に宿る、宗教的に言えば神の気持ち、造物主の気持ちだ。その人間に弾が当たる気遣いがあるかい。また、当たったところでもって、死ぬかい」

と思ったら、さっささっさ行っちゃったんだ。

「危ない、危ない！　お帰りなさい、お帰りなさい！」

と大きな声を出すのは聞こえるんだけれど、どんどんどんどん行っちゃった。

いまだにそのときの外套《がいとう》は、私が死んだ後、長く記念に取っておくといって、この間死んだ家内が取ってあって、いまだに取ってありますが。六発、弾が抜いているんです。猟銃の散弾らしい。でも、私の体に一発も入らない。それで三町の橋を無事に向こうへ渡って、もう渡りきっちゃってからはもう鉄砲なんか撃ちやしませんけれどね。

今、私の平《たいら》の支部というのは、その当時のことを知っている人間が多いのであります。おまけにその当時の警察官で三人まだ生き残っている人間がいる。それでよく壇上から言いますよ。

「とにかくあのときのこの天風先生というものは、人間には見えなかった」

「我々警察官が十四、五人で『危ない、危ない』と言っても、さっさと、何の人のいない原っぱへ行くような安心さでさっささっさ歩いていかれた。この人間は一体全体、臆病でないことはわかっているけれど、おっかないということを知らないのかしらんと、みんな警察官で言っていたくらいです」

私はそのとき、ただ、べつにおっかないとか、おっかなくないとか。もしもあなた方のような小知恵が働いたら入りませんよ。

待てよ、おれ、頼まれて来たとはいうものの、せっかくなあ、二度の戦争に六十五度も命の危ないところを助かってからに、おまけに戦後はあんな病を患って。世界を歩いてインドの山の中まで行って。それでこんなに丈夫になって。それで赤の他人も他人、全然どこの馬のしっぽか豚のけつかわからねえようなもんに弾で撃たれて死ぬなんて、ちぇっ、馬鹿馬鹿しいやと。あなた方ほど、肉体を本位に考える小利口な頭が働いたら、おそらく中へ入っていかなかったでしょ。入れませんわ、それだったら。

不思議とそんな気分が出なかったんですもん。

これこれこうだからこうだと入っていくつもりになったのじゃないんだ。これが信念になっているから、理屈もなにも、後からゆっくり考えてみると、なるほど、恐怖の出なかったのは結局この人間たちを救うがためだ。

ですから、横暴で野獣のような彼らも、入っていってからに話をしたら、もう猫の前のネズミのようになって。やっぱりまごころというものには、どんな人間でも打たれますぜ。

そのとき私は、入っていって後にすぐ気のついたのは、剣道の極意に、

「斬り結ぶ太刀《たち》の下こそ地獄なれ　身を捨ててこそ浮かぶ瀬もあれ」

という歌があったのを思い出した。

ああ、やっぱり同じことだな、これは。つまり自分というものから離れてしまう気持ちになりさえすれば、諸事万事が人間のまごころ天に通ず。それを言ったもんだなと、そのときつくづく思ったんですが。

いかなるときも霊魂本位で生きる

要するに、安心立命の人生は、いかなるときも霊魂本位で生きること。それ以外に何もありません。

もしも私が霊魂本位で生きなかったら、毎晩のこのご奉公できますか？

この間、今津博士が、

「先生の体は医学者が見たらば、ねえ、丈夫に生きられることが不思議にたえないくらい、片方の肺はほとんど半分役に立たない肺を持っておられる」

という話を私は陰で聞いていて、あれはおれのことなんだなと思った。けど、本人はそんなこと考えないもん。

それは解剖してみればそういう肺かもしれない。けど、私はそんなこと考えてここへ立ってはいられないもん。そんなこと考えてここへ立っていたら、一番そういう肺を持っている者に障《さわ》るのは、声を出すことでしょう。

声を出すたびに、肺がぎゅぎゅん、ぎゅぎゅんとなっているんだ。それでしまいに、声の出しようによったら、ぴーっと破けるかもしれない。そうしたら、わっと喀血《かっけつ》するかもしれない。そうすれば、もう勢いよくそのままでもって、はあー、景気よくお陀仏になると。

そんなことも考えたことない。破けたら破けただけ。生まれるも死ぬるもあっち任せなり。あっち任せじゃあっち任せだよ。

霊魂が体にくっついていられなくなったら、体から霊魂は離れて、宇宙の本源に帰ります。それから肉体はいったんとにかく酸化作用を起こす間だけ、いろんな格好でこの地上におりましょう。酸化作用が終わると、またやっぱり宇宙の本源に還元します。

まあとにかく、思いをさらに新たにして、もうきょう以後は、きょうの講演をそのまま自分の人生の根本に置くというつもりで、修練会までは、ひょいとするとふっとまたむら雲のようなやつが心へかかってきますが、そういうときは、きのう教えたあの神経反射の調節法で、この邪念を払っちゃ、できるだけ心に曇りをつくらないように努力して、八月をお待ちなさい。

すると十日間ですっかり心の中が全然あか汚《よご》れをなくなすようにしてあげるから。

毎年必ず一回ずつ修練会に行くんじゃ、毎年魂がドックに入ったことになるわけだね。そうして本当の生きがいを感ずる人間になれよと。

とにかく縁あって現象世界に、その命を生かす道具として体を与えられたというこの因縁は、まことにおろそかにすることのできない大きな因縁であることを考えたらば、きょうの講演をよく自分のものにされて、考えちゃいけません、考えたってわからねえもん。わかる知識がありゃしないいんだから。

この中にはそうとうの学者もいるでしょうけれど、理屈で考えちゃいけない。

自覚というものは、ねえ、コンシャスネス consciousness なんだ。理解はコンプレヘンション

comprehensionだ。

理屈でなく、そう思えばいいんだなと思って、それで修練会へ来ると、今度は思えばいいんだなと思わなくたってそう思えるようになる。

そうすると、いつ何時でも私のように、いつも明るく朗らかに生き生きとして勇ましく生きられる、気楽な人生に生きられる人生こそ、人間の本当の人生だということを、最後の言葉として。

では、元気で八月まで、きょうの教えに悖《もと》らない（反しない）ような気高い人生に生きなさいよ。

これだけお願いして、明日から東京へ行って、八月に勢いよく帰ってきますから。

じゃあ。

第二章

生き方を間違えると「心の奴隷」になる

――有意義な人生のための基礎知識

昭和三十六年（一九六一年）十月
神戸

昔は、「心」という言葉も「神様」という言葉もなかった

きょうの問題は、「心とは」。

極めて哲学的な謎のような演題ですが、要するにわれわれの天風会員の人生教義とする心身統一法の根本義となっている、「心」というものに対する理解を正確にして、そして自己統御《とうぎょ》を完全にするために、まず一番先に必要なのは、心の操縦であります。

自己統御をいかに完全にしようと思っても、一番先に必要な心の操縦が完全にならないと、自己統御できません。

そこで、その心の操縦を、過《あやま》ちなからしめんために、心に関する理解を説こうとするのがきょうの演題。

人々の多くは、心、心と、みんな口では言っているけど、その心というものが一体どんなものかとはっきり、心の正体をわかって、心ということを言っている人は、少ないんであります。

今でさえそうですから、およそその大昔は、全然何がなんだかちっともわからなかったということも無理はないでしょう。

昔は「心」という言葉はなかったんであります。

大昔のこの心を表現する言葉は「ころころ」と言った。

大化の革新（大化の改新のこと）以前の人々は、この心のことを「ころころ」と言ったんであ

ります。

それから、「神様」って言葉が、その時分まではなかった。

その時分には神様を表現する言葉は「かむながら」という言葉を使った。

「かむながら」というのは、大和言葉でもって自然ということなんです。英語で言うNature。

だから、今、神様と言っている人は、なんだか知らないけれども、人間のような格好をしているようなものが、なんかこう、人間より優れた力を持って、一人いるかのごとき考え方をもっているが、その点は、まだ文化が、現在のように進んでいなかった、大化の革新前の人間のほうが、本当のことを知っていたんですね。

彼らの考えていた「かむながら」という言葉は、「ひとりでに」ということを「かみながら」とこう言っていた。

だからその「かみながら」の「ながら」を取っちゃって、「神」にしちゃってからのちも、「ひとりでに」、ということを「神」というんだと思っている人もないじゃないけど、それは百人に一人はありませんな、千人に一人。

だから西洋の言う「God」という言葉も、やっぱり日本人が日本人の常識の中に、伝統的に抽象的な、本当言うとよくわけのわからない、「神」という名前をそのままその西洋人の言う「God」に付けちゃった。

キリストの言う「God」というのは、天に一人のおとっつぁんがいると、こう思ったんでしょうね。これも一つの形容でしかない。

宗教というものはすべてカリキュレーションですから、カリキュレーションというのは一つの想定ということです。

クリスチャンもどっさりおいででしょうが、それじゃクリスチャンに、「天にましますおとっつぁんというのはどんな顔をしているんだい?」と聞いたって、それはこういうふうな鼻つきで、こんな目元でと説明できないでしょう。

ただとにかくキリスト教で天に一人のおとっつぁんがいると、こう思えという、この思えと言ったことが想定観念。

私も随分キリスト教を深く研究しましたが、おっかさんはどこにいるんだろうと思うんだけどね。

天におとっつぁんばかりいて、天におっかさんがいねえが、おっかさん、どこ行っちゃったんだ。どっかにいるんだろうけど、どうもキリストのほうじゃ、天にましますわれらが父、どっかにいましますわれらの母とは言わないから。

まあそれは仏教にも考えさせられる欠点があります。フイフイ教(イスラム教のこと)にもあります。

「宗教」とはそもそもいかなるものであるべきか。

一番常識的だと言われているキリスト教に、そういう訳《わけ》のわからないことが教義の中に存在している。

別に私、今キリスト教をけなしているわけじゃないんだよ。真面目に考えさせられる点を言っているわけで。

私はキリスト教で救われなかった。

心の問題に悩み、悩んで、もう世界の三分の二を歩いて、キリスト教はもちろん、仏教ももちろん、フイフイ教までやって救われなかったんだ。

それは私の心が極めてこれはもう極度にけがれて、汚《よご》れていたから救われなかったとおっしゃるでしょう。クリスチャンや仏教家は。

しかし盗人《ぬすっと》にも三分《ぶ》の理ありで、洗い清められるものは洗ってやるけれども、洗い清められざるものは洗わないじゃ、ちょっと宗教の本旨と違ったところが出てこやしないかと思う。

また仏教のごときでもですよ、「縁なき衆生《しゅじょう》は度し難《がた》し」と釈迦《しゃか》をはじめとしてからに、現代の仏教家はみんなそう言ってます。

そうでしょう。

「信ぜざれば救う能《あた》わず、縁なき衆生は度し難し」

しかし私、人を救うという建前で考えつかれた宗教である以上は、縁なきものにも縁をつけてやって救ってこそ、本当の慈悲《じひ》じゃなかろうか、情けじゃなかろうかと私は思うが、いかがですか。

迷っている、苦しんでいるというやつは、全然何にもに頼る気持ちがなくなっているやつが陥った、心のもつれですもんね。

何かしらにまだ頼れる人間だったら、迷いも悶《もだ》えも、それだけ大きかないもの。ところが、どん底に陥ってる人間を、あいつは救えないからって、救わないのが宗教だとしたら、宗教なんてものはもう、絵に描いたぼた餅よりもまだ頼りないものだと言わなきゃならないと思うが、いかがでしょう。

右頬を叩かれて、左頬もどうぞと出せるのか

いや、私も最初は宗教にすがったんだから。もうせっぱ詰まって、理屈も何もあるかと。迷信と言われようが、邪心《じゃしん》と言われようが、そんなことは構わない、宗教に頼って救われなきゃと思って、さんざん苦労した挙げ句宗教に行って、かえって私の失望と落胆は余計倍加されただけでもって、救われなかったんです。

もちろんそりゃ教会に行ってる人、お寺参りをしている人、みんなあれ救われたいから行ってるんですからね、きっと。

それともあれですか、日曜のたんびに教会に行き、また節会《せちえ》の折々、お寺にお参りしている人は、おれが行ってひとつキリストを救ってやろうとか、おれが行ってひとつ釈迦を得度《とくど》させてやろうとかいうつもりで行ってるんですか。

そうじゃないでしょう。

死ぬまでお通いになってらしても、なんかこう救われるだろうと思う、いわゆる望みなきにあらざる気持ちで行ってらっしゃる。

本当に天風会に入って、こういう教えによって自分の心を本当に納得のいくだけ救われたという人は、私はほとんど一人もいないと思うが、どうだろう。

いると思う人、手を挙げてください。私、聞きたいこといくらでもあるんだから。

宗教的に、私の心の中に生じている疑義《ぎぎ》が。

私の精神科学や心理学の中から、宗教と照り合わせてからに、どうにも割り切れないものが宗教のほうで、割り切れないものが割り切れたような顔をして説いてて、しかも結果において割り切れないことを平気で言ってるのがバイブルにも経文《きょうもん》にもありますわね。

これも別にけなす意味じゃないんですよ。できれば教えてもらいたいから言うんだけど、

「人、もしもわが右の頰を叩かば、笑って左の頰を出せ」って。

これはいい言葉のようですけども、これはなし難き計画じゃないかと思う。

ちょうど日本にある、

「なる堪忍《かんにん》はだれもする、ならぬ堪忍、するが堪忍」と同じようなことで。

クリスチャン、ひとつひっぱたかせてくれませんか。

力道山《りきどうざん》のパンチほどは効かないかもしれないけど、かなり効くパンチを私持ってますから。

そして、右ひっぱたいてあげて「さあ、どうぞ左も」とお出しくだされたらば、その心持ちを伺《うかが》ってみたいと思う。

ましてて、頼んだら出すかもしれないけど、いきなり往来《おうらい》を歩いているやつを、これクリスチャンかなと思って、ぺーっとひっぱたいて、笑ってからに、

「お手が痛みませんか、こちらもどうぞ、おついでに」

と出す人、いないでしょう。

少年に頬を叩かれて、宣教師は……

アメリカに、笑えない滑稽《こっけい》な漫談がある。

ある日曜日、教壇に立って、宣教師の人が、キリストの愛を説いて、そして今の、右のほっぺた、左のほっぺた言ったらしい。

そしたら、そのお説教が終わると間もなく、一人の少年が、お集まりの中から飛び出してきて、いきなりその宣教師の、右のほっぺたをピシーッと叩いた。

そしたら、今言ったばかりですから、みんなどうするかと思っていたら、宣教師が笑いながら、左のほっぺたを出した。

また少年がピシーッと叩いた。

それでみんなが、やっぱりえらいなあ、あの宣教師。キリスト教を説くだけあってからに、な

んと尊《とうと》いことだと思ったのがつかの間、右を叩かせて、左を叩かせているまではにこにこ笑っていたが、それからすぐ、その少年をいきなり首根っこをとっつかまえて、ぼこぼこゲンコでなぐった。

それから小僧が怒っちゃってからに、

「なんだい、ちくしょう、最初だけバイブルに書いてあるようにしやがってからに、あとはなんだ、あとなぐっちゃったら何もなんねえだろう」

と言ったら、宣教師が厳《おごそ》かな顔をして、

「右の頬を叩かれたら左の頬を出せとは聖書に書いてあるが、それから後のことはなんとも書いてない。だからぶんなぐった」

とにかくそういうような状態であるのは、結局要するに、心、心と口では言えど、その心なるものが、何がなんだかさっぱりわからないけど、心、心と言ってるんだよ。

だからものは試しだから、あなた方、大変えらいなと思っているような宣教師や牧師に、きょうここで聞いていった心の分解を、もちろん聞けばわかるから、そのわかった理解でもって聞いてごらん。

「一体、心、心と言いますが、イエス様のほうでもってつくってくださるところの、愛の心というのは、どれから出てくる心で、愛を妨《さまた》げるって心はどこから出てくる心でしょう」

って聞いてごらん。

「肉体についている心」と「精神についている心」

憎まれ口は第二として、本題に入りましょう。

第一に心というもの。

心、心と言いながら、分類すると二つに分けられる。

絶えず何事かを思っている考えてる、同じ冗談口言っている場合に、心に思い浮かべるときでも、その思い浮かべる事柄を厳密に分析するてえと、二色《ふたいろ》のどっちかから生まれた心であります。

二色とはどういう心。

一方は、肉体についてる心。

一方は、精神についてる心。

このどっちかの心が、心の働きを行う、実在意識領《りょう》へ出てきて、いろんなことを思ったり、考えさせたりしているんだ。

肉体のほうについている心を肉性心《にくせいしん》と言います。いいかい。肉性心。

これが三つになる。一つ、二つ、三つと。

第一が物質心、物質の心。

第二が植物心、植物の心。

第三が動物心、動物の心。

精神のほうが、心性心《しんせいしん》。これが二つある。

一方が理性心。

第二が霊性心《れいせいしん》。

物質心というもの

ただし、この肉体についている肉性心の一と二だけは実在意識領に直接的に飛び出して働かない。

この物質心というのは、一番先の、あらゆる物質を形成する根本中心になっている心。だからどんなものにでもあるわけだな。

こうしたメタルにだって、メタルというものをつくっている根本中心がある。白墨《はくぼく》一本の中にも、根本中心がその物質の存在を確保している。

これはあなた方の中学時代の物理学を考えるとわかる、ね。

すべての量的存在は、つまり量的存在というのは物質ですね、物質というものは素粒子が原子となり、原子がさらに分子となり、分子がさらに細胞となったものの形成にほかならないと言っているでしょう。

そのいわゆる素粒子のもうひとつ根本にあるものを物質心だと言って差し支《つか》えないんだよ、これ。

近代科学は、まあ普通の常識じゃ考えられない、ちっちゃいとも、ちっちゃいとも、ちっちゃいとも、これは考え方の上だけでもって考えられることで、おそらくはこんなちいちゃなものを見る顕微鏡なんてものは、永久の人類の世界にはないだろうとまで言われている小ささだな。

素粒子の一個の大きさは、十兆分の一センチというんですから。

一センチと言うのがもう既に小さなものだものね。

その一センチの十兆分の一だよ。もう天文学的数字と言っていいでしょう。

そのまた十兆分の一センチという小さいものをつくり上げる芯《しん》になっているのが物質心。

そして、なるほど、目には見えなくても、小さくても、あるものはあるんだから。

それが結局、いまだに物理学者のほうでは、それが気体なんだか固体なんだかわからないという、まだ決定のつかずにいるもの。

だから湯川（秀樹）博士も、素粒子の背後に来《きた》るものは、現代の科学者によっては発見されないだろうとまで言っている。

とにかく、ある以上はあるんですから、ないところからあるものは出てこないんで、あるからこそあるんだから。

わかるかい。非常に学問的な言葉ですけれども。

植物心というもの

それから次の植物心というのは、一切の植物以上の生物に共通している心。

これは石や何かにはありません。鉱物にはないとみていいと、心理学者は言ってますが。

私はね、この心理学者の説にいささか、反対はしないけれども、共鳴されない点があるのは、石でも育つに違いないと思っている。

ただ、育つ、成長の速度が緩慢《かんまん》で、あまりにも緩慢で、あまりにも緩慢だから、われわれが生きているわずか八十年や百年の間に、ああ、これだけ大きくなったということがわからないだけのことで。

しかしながら、存在するものがなくならない以上は、その存在を確保する力が働いている以上は、何かなし、その生命を保存すると同時に、成長は行われているに違いないということは言う。

成長が止まったときは、もうそのものの存在が、やがて崩壊する過程に入ったとみていい。

これは物理学を少しでも研究した人ならわかるだろう。

しかしこういう難しい議論はとにかくとして、常識的に言えば、生きていると思われるものの中に、植物心はみんなあるわけだ。

そして、動物心（本能心）とは？

この物質心と植物心は、今もさっきも言ったとおり、実在意識領に出て働かないで、心のお蔵のなかである、潜在意識の奥深くに潜《ひそ》んで働いている心と言えましょう。

影も形も見せずに。

肉にくっついて働いている心の中で、心の表面に表れて、盛んに活動する心は、第三の動物心。

これが俗に言う本能心《ほんのうしん》というやつなんですよ。

ああ、もう本能がという、あの本能心が動物心のこと。わかるかい。

これはもう一切のすべての動物が、その動物の肉体の生命の生存と生活を保つために、必要とする一切の作用を司《つかさど》っている心なんです。

詳しく言えば、肉体生命に存在する五官の感覚をはじめだね、目だ、耳だ、鼻だ、舌だ、体というものの持っているそれぞれの異なる感覚をも支配してる。

だから動物心があるから、ああ、いい匂《にお》いがするなとか、ああ、痛いなとか、かゆいなとか、きれいだなとかね、あっ、うめえなとかというふうに感じるんで。

本能心がなかったらどんなごちそう食べたからって、ちっともうまいとも感じられん。

どんなきれいなものを見たからたって、目がたとえそれを見ていても、本能心がキャッチしないてえと、動物心がキャッチしないと、きれいな景色を自分の実在意識の中にふうっと映さない。

ちょうど早い話が、レンズはいくらシャッターを切っても、フィルムに感光《かんこう》しなかったら何も写らないのと同じ。

ところが人間のほうは、フィルムに感光を受けるときの自然作用と同じようなものが心にある。

それが生理科学で言うと知覚、知覚作用という。

それから心理学で言うと、感応《かんのう》性能という。

三つの原始欲望の、第一は食欲

それからさらに、動物に共通的に存在する原始欲望というものも、この動物心である本能心が支配している。

動物に共通する原始欲望というのは三つある。

これはもうコオロギ、バッタに至《いた》るまで、いやもっと、顕微鏡で見なきゃわからないバクテリアにもあります、バイ菌なんかにも。

動いているものを動物という。

動けるものを動物という。

その動ける動物に共通している欲望が三つある。

第一が食欲であります。

つまり生命を存続せしめるために、命の火を燃やす薪《たきぎ》、それが必要とせられる。

薪を欲しいと思うのは、火を燃やすのに薪が欲しいと思うのが食欲なんだよ。

腹が減ったから食いたくなるのが食欲じゃないんだよ。

腹が減ったてえのはつまり、命を燃やす薪が欠乏したよという感じなんだよ。

そうするとおれはしょっちゅう欠乏していると言う人があるかもしれないけど。

食欲。わかったか。

第二は睡眠欲、活力を仕入れる方法

それから第二が睡眠欲。

眠いってやつ。寝たいなあってやつ。

これは消耗せられたエネルギーを復活せしめるために、宇宙エネルギーを取り入れる期間に生命が行う、生命それ自体の方法。

これが睡眠であります。

眠いから寝るんだとあなた方は思っているが、むろん眠いから寝るんだけど、とにかく眠いという感じは、生命の中で、このまま起きてちゃ生きられない、活力が足らなくなったから、その活力を仕入れようとする、その気持ちが出たときが眠いんだよ。

だからよく寝る人間というものは非常に丈夫だろう。始終《しじゅう》、活力が復活してきているから。

だからその点、ちょっと一言注意しておきたいけど、よく寝られないと言ってからに、催眠薬を飲む人がある。

あれは傍《はた》から見ると寝ているように見えているけれども、厳密な意味からいくてえと、自然に眠気を催《もよお》して、寝た睡眠とは、およそ内容に天地の隔たりがある。

自然に寝た睡眠は、足らなくなっている活力を、宇宙エネルギーからその生命の持っている尊い働きでもって、どんどん、どんどんどんまた取り入れます。命の中にね。

だからよく寝るてえと、前の日、疲れていても、明くる日また、捲土重来《けんどちょうらい》、働くだけの勢いが出てくるだろう。

催眠薬のほうは、傍から見ると寝たように見えているけれども、活力を復活するという自然作用が働いていないんであります。

もっとはっきり言っちまうてえと、足らなくなっている活力を十分に再び元の分量に取り戻そうとする、宇宙エネルギーから活力を取り入れるという、尊い働きが行われていないんだよ。

なぜだというてえと、自然の睡眠のときは、そのねえ、同化《どうか》作用てえのが、全神経系統に生じている。

ところが催眠薬で寝たときには、この同化作用てものが働かないで、異化《いか》作用というのが働くんです。

異化作用というのは、異なる、化けるというやつ。

異化作用が働くてえと、よろしいか、受け取ろうとする、受け取り口のバルブがふさがれているると同じだと言っていいか。

なんでそうなっちまうかというと、催眠薬を飲んだときは、大脳の知覚作用がただ麻痺《まひ》するだけのことなんで、外観から見るといかにも寝たように思いますわ。

知覚作用が麻痺しているから、寝たのと同じような状態にしか見えないもの。

だから西洋のことわざに、催眠薬で寝た人間を、自然に寝ている人間だと思い違いするのは、デパートの、着物を着せて立っている人形を、本当の人間だと思うのと同じだと言うんだ。

デパートで着物を着せて立っている人形ってものは、確かに人間よりきれいな状態でみんな立っているわね。

もっともあれがあんまりきれいすぎるものですから、だまされて着物を買うんでしょうな。自分の顔はちっとも考えないで、あれま、よく似合うわ、似合うはずだね、顔がとてもきれいなんだ。

それで自分が買ってきて着てみると、人形が着ているほど似合わないよ。お面が違うもの。

薬で眠るぐらいなら、眠くなるまでずっと起きていたほうがいい

いずれにしろ、そんなことはどうでもいいとしてからに、本当に寝た人間は、大脳の中が痺《しび》れてない。

薬で寝た人間は大脳が痺れちまう。

だから、とにかく余計分量を飲めば死んじまうぐらいな反応が、ごく生命に危険を及ぼすもので存在している催眠薬を飲んで、本当に寝たと思っているような考え方をしているやつは、おおばかのおおまぬけだよ。

そんなこと言ったって寝られなかったら疲れると言うけど、それじゃ催眠薬飲んで寝たら、明くる日疲れ、すっかり治るか。

治りゃしませんよ。

催眠薬で寝たときには、前後知らずに長い時間寝たように思っても、明くる日、頭が重いじゃないか。

睡眠は自然こそよけれ。

だから催眠薬飲んで寝るくせをつけているやつは、どんなことをしても長生きしやしません。

それから一番おっかないのは、いざ大病にかかったときに、その体の中に神が与えてくれたと言っていいような、デル・ナトゥール・ヘルトリープというものが働かなくなるんですよ。

日本語で言うと、自然良能《しぜんりようのう》、英語で言うとナチュラル・ヒーリング・パワーというものがなくなっちゃうんだ。

つまりひとりでに治す力の、火の手が衰《おとろ》えちまう。

だから催眠薬なんてのは用いるべきものでない。


寝られませんというけどね、寝られなかったら起きてろい。


きっと寝られるから、どんなやろうでも。

どんな強情な女でも。

寝られないで死んじゃったらどうしよう。そんなの勝手にしやがれ、そんなの。

そんな人間、生きてたってしょうがねえじゃねえか。

寝るまで待ってろというのに、寝るまで待てないでもって、死んじゃったらどうしようなんて思ってる人間、これはもう済度《さいど》しがたき人間だもの。

第三は性欲、これは神聖にあつかうこと

それから第三の欲望は、これもやっぱり、コオロギ、バッタからアメーバまである性欲。

性欲って言うてえと、その方面に現在関係がなくて生きてるおばあちゃんやおじいちゃん、難

しい顔をして私の顔を見るんだが。

そのおじいちゃんやおばあちゃん、みんな私の子どもぐらいか、若く、年を取っていないでいながら、もう衰えちゃってるんだね。

「かりそめならずいやしきに似たりといえども、こはこれまさに人倫《じんりん》の大本《たいほん》なり」といって、難しい顔をして言っていいくらいのもんなんだ、性欲てのは。

考えてみろ、一人、一人。

みんなあなた方、自分のおとっつぁんやおっかさんの性欲でできたんじゃねえか。

これをね、汚《きたな》い気持ちで聞くのは、結局要するに動物心で聞いてるから。

もっとも動物心で聞くどころじゃない、動物心でしょっちゅう男女の営《いとな》みやってるやつが多いんだからねえ。

あの男女の営みというのは動物心で営むものじゃありゃしない。ことかりそめならず、最も神聖な気分でやらなきゃならない。

熊沢蕃山《くまざわばんざん》（江戸時代の陽明学者）という人は、夫婦の営みをするときは、しめ縄を張ってるお座敷に入って営んだそうだぜ。

人間の持ってる一番麗《うるわ》しい、純正な愛情の交換をする行為が、要するに性欲遂行の実際現象だ。

それを犬や猫がシーズンに盛りがついたと同じような気分で男女の営みをするというのは、これはかりそめにも、野蛮時代の人間ならともあれ、いわんやまして天地陰陽《てんちおんみょう》の真理によって人生を生きることをしている天風会員のなすべからざる計画だよ。

幸いに、しかしながら古い会員はみんなこういう講演を聞くたびごとに、一言一句いやしくもせず、全くそうだと思いあらためてから後にできた子は、これはもう本当に天風っ子というものは育ちが育てやすいために順調で、健康も申し分なく、その上非常に聡明でしょう。

学校のできはいいし、みんな出世するわねえ。それは要するに、その性欲の遂行のときの心持ちが動物的でなくなってるからだよ。

けれど元来がこれは動物に特有な子孫を繁栄せしめ、系統を相伝《そうでん》するというのが目的でもって人間に与えられた心だから、これが要するに動物心となって、動物心の中に入ってるんです。だからその行為を欲する場合は動物心で、その行為を欲する念慮《ねんりよ》を起こして、実行の場合は一番最後に説く霊性心でこれを行わなきゃいけないんだよ。

こんなことを教えてくれるのは天風先生だけだぜ。またそこまで研究してないもん、ほかの学者はね。

こんな話、もう少し聞きたいだろうけれども、また時間の許す限り先にしますから。こういう話だけはもう、目を見開いて聞いてやがる。

心を消極的にする感情情念とは何か?

それから、その他のいろいろの欲望や感情情念、それもこの動物心が支配しているんですよ。

さて感情情念と一口に言うが、あなた方、特にこの消極的の感情情念。動物心の中にある己の心を極度に弱くする、消極的な感情情念、およそいくとおりあると思ってる?

それはまあ、微から細にわたるてえと、仏教のほうで言うと、毛穴《けあな》と同じ数あると言ってますね。

「焦熱地獄《しょうねつじごく》は八万六千の煩悩《ぼんのう》より生ずる」

と、八万六千というのは毛穴をたとえた。ひまなやつが勘定したのかね、毛穴が八万六千あるてえの。

大体において消極心となるものがおよそ結合すると、二十数種類あります。

時間かかるけど書きますわ。

つまり、心を消極的にして、人間の心を価値のないものにする劣悪な感情の素因をなすもの。

第一が怒ることだ。

第二が怖れることだ。

第三が悲観することだ。

第四が煩悶《はんもん》すること。

第五が苦労すること。

第六番目が悩むこと。

書き留めたい人は早く書き留めろ。

七番目が憂《うれ》うること。

それから迷うこと、八番目が。

九番目が心配すること。

十番目が憎むこと。

みんなあなた方の得意なことばっかり書いてるね、ここへ。

十一番目が恨むこと。

十二番目がやきもちをやくこと。

十三番目があれが好きだこれが嫌だと排他《はいた》すること。「はいた」って「歯が痛い」んじゃねえよ。

十四番目が嫌うこと。

十五番目が復讐を思い立つこと、仕返ししてやろうって。

十六番目が人をあしざまに悪く言うこと。

女が三人寄ると、大抵笑い興じているとき、どんな話だと思えば、大抵この悪口ばっかり。

十七番目がやたらにものを疑うこと。

十八番目が自分の心の鬼でもって、すべてのことを邪推すること。

十九番目が心の落ち着きを失って、焦ること。焦慮《しょうりょ》。

二十番目が不平。

二十一番目が不満。

これはもう私が書くより、あなた方がみんな知ってることなんだよ。

それから自暴《じぼう》、やけくそ（二十二番目）。

自棄《じき》、捨て鉢《ばち》（二十三番目）。

心暗く、さわやかでないとき、動物心が去来している

はい、これだけ。

これはみんな、動物心の中にあるの。まだこのほかにあなた方で、私の知らない動物心が折々、ときどき心の中に飛んでくる人もありましょうけど、それも分化するとみんなこの二十三種類の中から生まれてくる心です。

この中で第一の憤怒《ふんぬ》、それから第二の恐怖、第三の悲観と、それからずっと向こうへ行ってやきもちをやく心と、敵討《かたきう》ちをするぞという気持ちと、それから好き嫌いを盛んに起こす心と、それからものを疑う心は、これは人間以外の動物にも共通してある心であります。いいかい。

それから、煩悶だとか苦労だとか、悩むとか憂うるとか迷うとか心配するとか憎むとか恨むとか悪口を言うとか嫌うとか焦るとか不平をするとか不満を言うとか自暴自棄に陥るのは、これは

人間だけの持っている動物心。

だから現在何か自分の心の中に、楽しからざる気分を感じている人は、この中のどれかしらんが、その心の中で去来しているから。

とにかく、自分の心を暗くし、さわやかなものにしない、思い方や考え方が心の中で浮かんでたら、それはもうとりもなおさず、人間以外の他の動物が持ってる心と同じ心に、今自分がなっているんだと。

しかも区役所へ行くてえと、ちゃんと人間としての戸籍が登録してあるのに、区役所の帳簿だけが人間で、思ってる考えてることは王子《おうじ》の動物園（神戸市立王子動物園）へ入っているものと五十歩百歩だということを考えなきゃ駄目なの。

理性心はなぜ人間にしか備わっていないのか？

次は、精神生命についている心。

第一が理性心だとそう言ったね。

この理性心て心は人間だけっかない、特別な心。

人間以外の他の動物には絶対にないと言っていい。

この理性心という心の作用の特徴は、人事世事一切の人間生活に関係する事柄に対して、推理と考察を行うという働きを持っている。

「これ、どういうわけだろう。こういう理屈じゃねえかな」

「いや、こうじゃねえか」

というふうにね。

それからさらにまた、ものごとの批判をほどこすという心の働きがある。

いいとか悪いとか。

厳密に言えば、善悪、邪正《じゃせい》、曲直《きょくちょく》、是非《ぜひ》というような判断を行う働きを持っている。

霊性心が、人間を人間たらしめている

それから同じ心の中に存在する心である、最後の霊性心。

この心は人間の心の中で最も高級なものだ。

厳密に言うと、この心あればこそ、われわれ人間が万物に霊長と言われるのであります。

詳しく言うと、別に学問しなくても、経験しなくても、学問した人よりも、経験のない人よりも、尊い思い方や考え方のできる、いわゆる霊感だとか、霊知の作用だとか、霊能力というような、特殊な心理現象、すべてこの霊性心から発動する。

だから神秘的な思想や、あるいは優れた論理思索、または悟りをひらくとか、確固不抜《かっこふばつ》の信念、牢固《ろうこ》として抜くべからずというような状態なぞが出るのが、この尊い階級の霊性心という心から出る心理現象。

ところが、天風会員以外の人はというと、少し天風会員以外の人は怒るかもしれないけれども、ここにはいないから構やしない。

そういう人々はいろいろな難しい理屈や議論をかれこれと、筆や口にややこしくする割合に、この霊性心というようなものについて、あまりにも知らなさすぎるぐらい知らないのであります。

知らない証拠には正しい理解持ってないもん。

もっともこれは無理もない、そこに訳もある。

その無理もない訳というのはね、この霊性心という尊い心は、特別な生まれつきの人か、あるいはまた生まれつきはそうでもなくても、正しい方法で、天風会の夏の修練会でやらせるような、あの正しい方法で、秩序を乱さない精神訓練を施《ほどこ》さないと、容易に随時随所、心の表面に出てくれない心なの。

そのためにですよ、普通一般の人は、この心は自分たちはないもんだと思いこんじゃってる。

予言者なんか特別な人でも、偉い人でもなんでもない

世の中によくときどき予言が的中するとか、言い当てるとかいう人を見ると、自分と全然かけ離れた人間のように思うだろう。

とんでもねえことなんだ。

同じ人間だもの。

頭の中の脳みそが別に、向こうのほうが塩気《しおけ》が多くて、こっちのほうが砂糖っ気が多いわけでもなんでもない。

ただ、彼らは先天的か、何かの心によって、そういう力がcultivateされただけ。訓練されただけなんです。

だからあなた方だって訓練すれば出てくる証拠には、どうだい、夏の修練会、わずか十日間で、ねえ、もう後ろに立った人が何を思っているてえことはすぐわかるようになるじゃねえの。

ついこの間、それを経験した人がこの中にいくらもいるだろう。

だから、厳密な意味からいくと、この心は人間だれでもできるという信念がなきゃならないんだけど、今言ったとおり、平素人生に生きるとき、知らないために多くの人が使っている心というのは、その大部分がだ、動物心ばかりなんだ。

それでときどき、あれがいいとか悪いとか、あるいはこうじゃねえか、ああじゃねえかという理屈でもってものを考える理性心が働いてるだけなんだ。

従ってこの霊性心なんていう尊いものをほとんど使うことなしに、貴重なあたら人生を、再び繰り返すことのできないのに一ページ終わっちまうやつも随分あるんだぜ。

その点だけ考えただけでも、恩を売るに似たりといえども売っていいと思う、天風会員になった幸せを考えなさいよ。

だから修練会十日間終わるてえと、みんな涙なくしては帰れない感激でしょう。

「こんな、こんな心持ちがあったのかということを知らなかった」って。

「それをとにかく知らさせていただいて、なんとうれしいことだ」って、みんなそう思うね。

霊性心が発現する人としない人の違い

天は自ら助くる者を助く。

Heaven helps those who help themselves.

これがもう、千古《せんこ》いつわらざる真理であることを信じてますから。

どこまでも自分は自分が守っていけ。

人に頼っちゃいけない。

いわんやまして神、仏に。

そのために、自分で生きられる方法を教えているんじゃないかって、いつも小言言うでしょう。

つまり要するに、この力が発現しない人というのは、われわれ天風会員のように、霊性心の発現に必要な精神訓練法や、あるいは自己統御法、The method of self-control、それを知らない。

もっとはっきり言うなら、一般の世間の人というものは、あなた方の知っているような、要するに修練会をした人のことを言うんだよ。修練会をした人々が知っているような精神生命の活かし方とか、あるいは精神生命の統御法という、人生を有意義に活かす大切な方法というものを知らない。

ただその日、その日の出来心で生きている人ばかりが多いんであります。

そうして、そういう人の心の中には、ここに書いてある、雑念、妄念、常にもうもうとして、もう心の花園は、雑念妄念という雑草で生い茂っている。それを整理することを知りません。

ところがあなた方は、この雑念妄念を整理して、心の鏡を研《と》ぎ上げる安定《あんじょう》打《た》坐法《ざほう》（天風式座禅法）という貴重な方法を修練会で教わっているけれども、世間の人はそんなこと知りやしないもの。

ねえ。いわゆる安定打坐法という、即座に無念無想になれる方法なぞは、普通の人間は知らないんですよ。

知ってると思ったら大違いよ。現在、あなた方修練会に入って、初めてあれ聞いてびっくりしたんでしょう。

夢にも知らないから、当然この霊性心というものを、どうしても自分らの手の届かないものに思いこんじゃってる。

だから修練会をまだしない人は、来年もうすぐです。もうあと私が四度来ると、またすぐ夏の修練会始まるから、来年こそはだ、来年のことを言うと鬼が笑うというが、鬼なんか笑ったって構わない。

鬼なんかいくらでも笑わせておけ。

これで来年はもう万障なげうって修練会に来てごらん。一遍味を占めると、どんなことをしても毎年、夏の十日間だけは、どんなにしてもこの修練会やらずにいられないということになりますから。そうすると、来れば来るほど、ますますもって心の鏡は研ぎ上げられる、拭《ぬぐ》い上げられますからね。

とにかく煎じ詰めると、天風会で教えるような精神生命に関係する貴重な方法を知らない人というものは、心というものの本当の大きさ、同時に心というものの本当の霊妙な働きというものを、極めて小さく狭く、憐《あわ》れなものに考えてる。

それを思うと、天風会員になったお方々、何遍言っても、恩を着せるに似たりといえども、恩を着せてもいいと思う。

幸せだなと思うぜ、私は。

万物の霊長としての幸福

現在私がね、インドへ行ってからに三年の間苦労して、その後一生懸命こういうことを研究して、なんとも形容のできない、本当にありがたい幸福を味わっていることを考えてえと、

「はあ、よくぞ八年の間も、あんな大きな業病《ごうびょう》に神様、おれをかからせてくださるとは、あれにかかったばっかりに、悟りをひらく気持ちになったんだ」

と思うとね、与えられた大きな事実に対して、それを私の人生を本当に尊くコンバージョン（転換）するエポック（画期的な出来事）だと思って、涙も出るほどの感謝を、いつも感じているのであります。

とにかく諸君も、（天風会の）講習会や修練会で、はっきり言うと、大昔からこれはもう地球上の人間という人間が思いもつかなかった方法や手段というものを、教わってすぐそれを応用できる結構な方法で会得せしめられている。

そしてその結果、心というものは人間の生命はもちろん、人生の一切を現在よりもはるかに、はるかに価値高くする、偉大にして霊妙な作用を持つものであるということが自覚しえた。

そして、それのみならず、ねえ、常にその作用を人生に正しく応用すれば、その人の人生はその生涯を通じて、極めて有意義に生き甲斐のあるものになるということを、ねえ、それはもう実際的に、信念づけられちゃっているもの。

それで万物の霊長たる本当の幸福というものは、ここにあるんだということを、あなた方は日々味わっていれるという幸福な人間になっているでしょう。

また、そうしたいのが私の、こうやってご奉公の努力の衷心《ちゆうしん》なんだから。

とにかく、ないことをあるように言ってる教えじゃありません。

人間の心というものをね、その働きの上から見るてえと、以上説明したような、これはもう実にありがたい分類と差別を持っている。

だからしっかりそういうことを心に置いておかないといけない。

人生を有意義にするために忘れてはいけないこと

とにかく以上のいずれの心が、一体人間に一番必要かというと、霊性心が常により多く発動していること。

しかし肉についている動物心も、心についている理性心も、これは不必要だからやめちまえというんじゃないよ。必要だから神様が与えられているんだから。

とにかく必要、必要なときに実在意識領に、その必要なものを引き出して、いろいろなことを思わせたり、考えさせたりしなきゃいけない。

そうでないてえと、もう心の状態が乱調子に陥って、泣かなくてもいいときに泣いたり、怖れなくてもいいときに怖れたり、またさっき書いた、二十数カ条の心を思わなくてもいいのに思ってくるような場合がしばしば出てくる。

それで自分が、しょっちゅうそれで苦しまなきゃならない。

そうだろ？

どんな物好きな人間でも、

「あんまり毎日のんきでさわやかでもって、人にうらやまれてもいけねえから、きょうあたりはひとつ、悲しんでやろうか、きょうあたりはひとつ怖れてやろうか」

って思って怖れたり悲しんでいるやつはねえだろう。ねえ。

秋の空とちっとも変わらず、今まで別に腹も立っていなかったんだけれども、急になんだか変なことが気になって腹が立ってきたというようなことになって、あなた方がブリブリし出すんだろう。

だから、これを考えてみたとき、人生を有意義に生きていこうと思うならばだ、どんな場合にも忘れてならないことは、いいか、

「一体どの種類の心にも、使って生きていかなきゃいけない、使われて生きちゃいけない」

ということなんだ。

これは大切なこったぜ。

あなた方はね、心に使われちまうからいけないんですよ。

心と体ってものは使って生きていくように必要なものだから、この命に与えられてある。

それを何ごとぞ、特に心というものがしょっちゅう価値のないことばかりを思ったり考えたりしてるのは、心に使われてるからだぜ。

心というものは厳粛《げんしゅく》に言うと、生きるために使うんで、使われるためにあるんじゃないんだから、これを忘れちゃ駄目だよ。

それをあなた方はいくらなんぼ言っても、いざとなるてえと、使われてるような状態になっている。

心に使われたら心配も煩悶も、とめどもなく心の中を暗くするだけだ。

同じものごとに接触している場合でも、その接触しているものと心との関係がだよ、心がその接触しているものを対象としていない、自分自身の生命を使い出したらもうおしまいだぞ。

ところがこのゆるがせにすることのできないことが、はっきりわかってない人が多いんだなあ。

心に使われたら最後、人生はたちまちその価値を失う。

その価値を失うのを、たいていの人は滑稽にも自分じゃ使っているつもりで、なんと反対に心に使われている場合のほうが多いんだぜ。

これよーく判断しなきゃ駄目よ、自分自身が。

それはね、私がこういうことを言うのは、いかにこの今の世の中に、文化が多くの人の人生を恵んでいるはずでありながら、恵まれているやつが少ないだろう。

非文化時代になかったようなノイローゼだとか神経衰弱だなんて愚にもつかない病《やまい》が、まるでそれはもう、文化民族として当然のこれは病のように思って、煩悶や悩みや悲観や苦労や、あるいは怒りや怖れやという、さっき書いた二十数種類の消極的な感情どもに、のべつまくなし、あれこれ、あれこれと心に感じて生きる人がいかに多いかを見てみりゃ、すぐわかる。

これすなわち、心に使われているから。

だからそういう人はどんな場合にも、ほんとに明るく朗《ほが》らかにいきいきとして勇ましく生きたいだろうけれども、生きられない。

その反対な状態で生きている。

ということを実際的に目に見る事実でもって感じると前にも言ったとおり、気の毒なこの人、使うべき心に反対に使われて生きているからだということがすぐ、これは私ばかりじゃない、あなた方だって少し注意して見りゃすぐわかる。

いや、人ごとじゃない、自分がそうかもしれないことを気がつく。

だから、もっともそれはまあ、心の統御法を知らない、また知ろうとして心がけなきゃ、漫然として人生に生きることになっちまうから、どうしても使って生きなきゃならない心に使われるのは、致し方ないと言えば言えるけど、しかしそれじゃ人生、生きている地獄だもん。

あなたの生命を支配するのは心ではない

そうだろう。

煩悶だ、悲しみだ、怖れだ、迷いだってものがあるときに、心さわやかに感じるやつはなかろうじゃないか。

それともあるかい。

「いや、なんでもねえときはちっともおもしろくねえんだよ。腹が立ったりよ、心配があったり、悲観するようなことがあるてえと、なんとも言えねえ生き甲斐を感じるんだ」

って人があったら帰ってくれ。ここにいたってしょうがねえから。

とにかく人生を暗くするような、消極的な価値のない感情が、心に浮かび上がったときに、それを非常に喜びを持って迎える人はないでしょう。

神経過敏だとかノイローゼなんていうのは、結局それがとどのつまり、ちり積もった状態を言うんだぜ。

だからそういう人てえものは、心てえものは、人間がその人生を完全に生きるために使う生命の道具として、造物主が与えてくれたというような大切なことを、真面目に考えてないもの。中には心があるばっかりに、人生苦労するんだ、嫌だ、嫌だなんて思っている人がある。

そうだろう。

そういう人に限って、煎じ詰めると、肉体、この体を自分だと考えています。

さもなきゃ、少し気の利《き》いた人間でも、心というものが、自分の生命の支配権を持っているように考え違いしてしまうんでありmaす。

両方とも考え方が間違いであることは知ってらあね。

体が自分でもなければ、さりとて心というものが自分でもないんだから、心に支配権はないんだよ、と。

けれどもそういうことを言ってもわからないほど、その方面に対する理解のない人は、なんのことはない、やっちゃいけない自己の生命の支配権を、その資格のない心というものに無条件で与えてしまっているのであります。

知らないでやってるんですよ。

女中が、縁もゆかりもなく赤の他人で、自分の家に縁があって奉公に来た。来ると同時に、その一軒のすべての支配権をその女中にやっちゃって、それでそれが当たり前だというふうに思って、それでご主人が女中にアベコベに使われていて、それが間違っていないと思うと同じ思い方が、その心に生命の全支配権を与えて生きている人のことを言う。

女中の話で言うてえと、私はそんなことしてないと、またする気遣いもないと思っているかもしれない。女中の場合だけだ。

生命に対してはどうしてもそういうことをやっていることを気がつかねえんですから。ねえ。そうすると、どうなるかというと、とどのつまり、のべつに心に自己というものを使われちまうんですよ、使われたくなくても。

多くの人が、迷ったり、悟れない、苦しみを感じるのは、その理由はこの点にあるんですよ。

自己の生命の支配権なるものは、心にあるんじゃないのを、あるように思うから。

自己の生命の支配権というものは、じゃだれにあるんだ。

哲学的な言葉だから一言じゃわからないかもしれないけど、自己の生命の支配権は自己にある。

哲学研究している人なら、ああそうだと思うけど、自己がわからないから、なんだ今のは、こんにゃく問答じゃないか。支配権は心にあるにあらずして、自己を支配するものは自己にある？

その自己がわからねえのに自己にあるたって、さっぱりわからんわと、こう思ってる。

自己の生命を支配する「自己」とは何か？

しかし、おいおいわかるように説明するが、自己以外に自己の生命の支配を行う権利を持っているものは絶対にないいんだ。

その「自己とは何だ」ということを考えてごらん。

自己とは何だ。

自己とは、学問的な言葉を使えば、真我《しんが》と言います、本当の我《われ》。

真我とは何だというと、生命の根本要素をなすところの霊魂《れいこん》と称する一つの気体が、真我の本当の姿だ。

形はないんだよ、だから、本当の自分てえものには。

一つの気《き》が自分なんですよ。

それをただ現象界にその気を活動せしめるために、一つの道具として与えられた肉体を、なんと、自分だと思っちゃってる。

たとえば、扇風機でわかるじゃないか。

扇風機だけでもって形は扇風機と言えるけれども、扇風機としての生命はないじゃないか。

電気が通じなきゃ駄目じゃないか。

してみりゃ、扇風機の本質は電気にあるじゃないか。

人間の場合だってそうだよ。

いくら肉体だけあったって、霊魂という気が肉体から離れりゃ、人間の肉体はそのまましゃちこばっちゃって、血が循環しなくなっちゃって、息が止まっちゃって、うっちゃっておきゃ腐っちゃって、そのまま消えちまうじゃねえか。

だから、自分の生命の支配権は、この目に見えない気体である霊魂にあるんですよ。

霊魂というからあなた方はわからないんだ。

これは要するに、プランク博士の発見した、ねえ、定数hの分派だ。

だから定数hの分派だと言ってもね、ただ現代の普通人の持っている物理学知識じゃわからないんです。

quantum field of the elementary particles（素粒子に関する場の量子論）というものがわからないてえと、ああそうかと頷《うなず》けないが、とにかくそこまで理論を探究しなくてもですよ、とにかく自己の本体は、形ある肉体でもなきゃ、あの微妙な働きを行う心でもなく、その一切を働く一番元の原動力的な存在として、目には見えないが、実際的にあるところの霊魂という気体。

学者・識者の説く、「心」中心論に迷わされるな

しかし、ここに特に諸君に注意しておきたいことは、それは何かというと、在来の精神を説く学者や識者または宗教家の多くは、洋の東西を問わず、この心というものの神秘な点だけを重く考えている。

心というものは人間の生命全体に対する支配権を持つものであるかのごとく説いているという傾向が顕著にあるということ。

これが現代人を迷いに陥《おとしい》れる元だとも言ってもいい。

はっきり言おう。

さっき言ったキリスト教でも仏教でも、あるいはフイフイ教（イスラム教）でも、ねえ、彼らのお説教や、バイブルやお経の本を見りゃ、みんな心が一切の生命の主宰権であるように説いているだろう。いや、説いているつもりでなく、説かれている。

しかもこの間違った断定が、何千年という長い間、もっとも、人間の知識がそこまで発達していなかったからでもありますけれども、少しも何か間違いがないというふうに考えられて、正しい論議のごとくに堂々と誤りを伝えて主張されていることは、現代の人間が文化かくのごとくクライマックスにさせても、いまだに心の方面だけが幼稚だという結果をきたしている、一番の素因だと言っていいのであります。

それがために、学者や識者がそう思っているんだから、これに間違いないだろうと、何かこう学者や識者というものが、言っていることが一言寸分間違いがないように思いこんじまうところに大きな誤りがある。

学者や識者が言っていることに間違いがなかったら、一人の学者が言ったことが永久に訂正されないはずであります。

しかし学者や識者が、ねえ、必ずしも正論を言っていないから、しばしば学者や識者の議論は訂正される。

医学者の毎年開かれる医学大会を見てごらん。

立派な議論で確定して間違いのないことを言っているものとしたら、医学大会なんか開く必要ないものね。みんなほんとのことを言っちゃったんだから。

けれど、どうもあの医者はああ言っているけれども、この点が少し疑わしいとか、この点に対してここの研究が足らないとかいうことを、みんなほかの学者がまたその学説を根拠として研究したことを発表するのが、次から次へ毎年開かれる医学大会の発表でしょう。これを考えてごらん。

数学の公式のように、ピタッと決まったものはこれは別だけれども。こと人生に関する限りは、あの高等数学のデフィニション（定義）のようなものは、まだ、ねえ、今多く世にある心や人生を考える学者や識者の間には、一定したもので存在していないというのが事実であります。

相変わらず、人生を考えるのに、いや、肉体が本位だとか、やれ心が本位だとか言って、霊魂を中心として考えようとする学者があまりにも数において少ないというのが、もう既にそれをそうだと考えさせられやしませんか。

しかし、だから今も言ったとおり、学者や識者がどんなことを言おうと、それを無碍《むげ》に、あっ、絶対真理だとこういうミステイクから、あなた方、解脱《げだつ》しなきゃ駄目だぜ。

私は多年、学者や識者に迷わされた。

そしてさらに私は独自の哲学を私が立ち上げて、こういう教えをあなた方に引き出したんだ。

学者や識者の言うことがみんなほんとだったら、なにも別に私、苦労しないでもって、もっともっと早く悟りをひらいていたはずであります。

犬や猫や豚と同じような人生をおくるな

とにかく、心というものには、断然自己および自己の生命に対して支配権が与えられてあるんじゃありませんよ、心には。

いいかい。

それを支配権が与えられてあるように、学者や識者が言うからといって、あなた方も思いこむと、とんでもないことだ。

一体、学者や識者がそういうミステイクをあえてしているのは、畢竟《ひっきょう》、肉体を自分だと思うがためなんです。

肉体を自分だと思うと、どうしても心が自己の生命全体に対する支配者であるような気持ちになるんですよ、自然と。

もっと詳しく言うと、おわかりになると思うが、今言ったとおりに、肉体を自分だと思うとね、すぐさま肉体生命を本位にして働いている動物心という心が、無制限に心の表面に暴れ出してくるんであります。

学問的に言や、実在意識領域に動物心識が発動してくると言いましょうか。

そうしてこの、心の働き場所である実在意識領をわが物顔に動物心のみが占領してしまうんであります。

そうしてその動物心、いわゆる本能心が生命全体の支配者であるがごとくに、無遠慮に振る舞い出すんです。

いいかい。

すると、どうしてもそれ、心が生命全体の支配者であるような気持ちにならせられちまうんですよ。わかるだろう。

しかしそんな気持ちになったら、人生憐れ千万《せんばん》。気の毒以上のみじめなものになってしまう。

なぜかというと、本能心だけで人生に生きるということになりゃしませんか。

そうだろう。

本能心だけで人生に生きるものは、人間以外の他の動物の生き方と全く同然の生き方だもん。犬や猫や猿や豚と同じことになっちまう。かりそめにも万物の霊長たる人間の心には、さっきから何遍も言っているとおり、本能心以外に、理性心と霊性心とがある。

それを本能心のみに実在意識領という心を働かせる場所を占領させちまうてえと、いきおい、心の持つ融通性《ゆうずうせい》というものがなくなる。

仏教のほうでも、「無碍にして自在《じざい》なるを得《う》」と言っているでしょう。

この「無碍にして自在なるを得」というのは、本能心だけ働かせちゃいけないぞということなんです。

本能心だけを心の全体として働かさせているてえと、今言ったとおり、融通性がなくなると、きわめて狭い範囲と低い限度にこう拘束されちまうんです。

そうするともうとってもそれはみじめな、みじめな人間ができちまうがな。

心や肉体を自己と思うような、大間違い人生から脱却する

もう少しその理由を詳しく言って聞かせますが。

本能心が実在意識領を占領するとね、本能心の特有な本能的欲求という心理現象のみが、やたらに無制限に沸騰《ふっとう》するように実在意識領に暴れ回るんでありますす。

これは現在のあなた方の多くがそうなんだぜ。他人ごとのように聞いていると罰《ばち》が当たるぞ。

しかもこの本能的欲求というものは、満たされない場合が多いんであります。

あれが欲しい、これが欲しいという本能的な欲望が心に燃えだしても、それは満たされない場合のほうが多いんです。

すべてが満たされれば、人間には不平も不満もありゃせんわね。満たされない場合のほうが多い。

そうすると、心の中に、これはもう、さっき書いた終わりのほうのねえ、自暴自棄だとか、やけくそや、捨て鉢になる気持ちや、不平不満、この心持ちがまたどんどん、心の中をかき乱してきて、少しも感謝も喜びも人生に感じられないという気持ちになっちまう。

だからご覧なさい。不平や不満や自暴自棄に陥っているやつは、何見ても、何聞いても、面白くもなきゃ、うれしくもなく、ありがたくもねえ。

生きてるのがつらいわというような気持ちを持っている場合のほうが多いだろう。

そうするとその当然の反動で、心の平静が失われます。

心の力が極度に鈍るのであります。平静が失われると。

そうするとその結果、心と体とが離れない、相関という関係にあるから当然の帰結で、やれ病でそうろうの、やれ不運でそうろうのと、なんと貴重なこの人生が、あたら価値なく、めちゃめちゃに汚くさせられちゃって、のべつひっきりなく、心配だ、苦労だ、煩悶だ、悲観だ、てえまあ、思っても嫌なものの虜《とりこ》となって生きなきゃならない名ばかりの人間になっちまう。ねえ。

しかしこれじゃ人間、何しにこの世に来たんだかわからねえ。そうでしょう。

そうして生きることが人間の目的で生まれてきたんなら、まあまあねえ、とにかくそうじゃないんですもん。

もっともっと意義の尊い、進化向上という、宇宙本来の目的を助成するためにこの世に男であり、女であり、生まれてきたんだ。お互いにね。

ぜいたくしに来たんでもなきゃ、うまいものを食いに来たんでもなきゃ、ええ、名を売るために来たんでもなきゃ、金儲《もう》けしに来たんでもなく、いわんやまして病み患《わずら》いをするために来たんでもなけりゃ、心配や煩悶をするために来たんじゃねえじゃねえか。

evolution（進化）とelevation（向上）という、尊いことを実行するために、男も女も、万物の霊長として犬や猫に勝《まさ》った働きを体にも、心にも与えられて出てきた。

である以上は、万物に霊長たるの進化を能う限り発揮して生きなきゃならないでしょう。

生きねばなりませんよ、それが本当だよ。

そこでそれがまさしく最も間違いのない真理だと気がついたら、一体、諸君の今までの考え方、切り替えなきゃ。

今さっき教えた、どの種類の心であろうと、いいかい、肉体本位に作用する本能心であろうと、また精神本位に作用する理性心であろうと、はたまた霊性心であろうと、すべての心を自分の生命の付属物、生きるがために必要な道具として、熟練した技師が精巧な機械を使うと同じように、自由にそれを使って生きる人間にならなきゃいけないんであります。

わかるだろう。

そうして初めて、万物の霊長たる人間の本来の面目《めんもく》が立派に発揮ができるわけなんだ。

そうなるのにはだ、何をおいてもまず第一番に、肉体を自己と思うような大間違いを厳格に訂正しなきゃ駄目ですよ。

この訂正が完全にできると、その正しい人生観が自然と心に使われないようになってくる。

自己が肉体だと思っている限りは、この人生観がいつもそれはコンマ以下にいますから。

どういうわけでもって、肉体は自己じゃないと思う心が出るてえと、心に使われなくなるかというと、肉体を自己だと思わなくなると、本当の自我、真我というものが目に見えない霊魂という水にも火にも侵《おか》されないところの尊厳な気体だということが次第に分明してきます。

そのくせ、朝晩やっぱりこの気体の命令で動いている場合があるんだけどもなあ。

朝起きた、何も目的なく起きたけど、きょうはあそこへ行ってみようかなと思う。これ気が動いて、あなた方を行かせてるんだろう。

何も思わないのに、体がさっさとそこへ行ったかい。そんな人がいたら精神病院へ行け。

朝起きて、どこにも行くつもりがねえのに、気がついたらデパートへ行って、また気がついたら、買いもしない品物を持って帰ろうとしてたなんてのは、危ないよこれは。ねえ。

知らず知らずのうちに「心の奴隷」になっていないか

とにかく、自分の正体が肉でもない、心でもない、一つの気だということが次第に分明してくるのが不思議なんですよ。

そして同時に、生命の支配権も、この霊魂という気にあるんだなということがはっきり悟れるようになれます。

そしてまたそうなってくると、ありがたいことには、今まで知らないこととは言いながら、なんとのべつまくなしに消極的観念や思想の虜となって、夜もろくろく安眠できず、そのため活力を減退し、心ならずも健康や運命を悪くしていたという愚かな生き方をしていたことが、我《われ》ながら実におかしくもあり、またくだらなくもあるように気がついてくる。

そして全くそのね、打って変わったような心の中に、雑念や妄念、邪念が発生しなくなるんです。

ありがたいもんですぜ。

そしてまた発生してきてもだね、それを思うように取捨分別《しゅしゃふんべつ》することができるようになる。

あっと、これいけないよ、出ちゃ。たとえばここへ乗っけちゃいけないもの、こっちへ置いといて。あっ、これ出ておいで、というふうに取捨分別ができるようになる。

そして、常に人生のいかなるできごとに直面しても、正々堂々と、大手《おおで》を振って、荘厳《そうごん》に、雄大に、人生の荒波の中を泳ぎ抜いていくことができるようになる。

実際ですぜ、この霊魂という一つの絶対的な力のある気が、生命の一切に対して支配権を持つものだという真理を正しく自覚されるとね、そうなるんだ。

さらにそれが信念になるてえと、もうそれは自分で自分の在り方に対し、ひざまずきたいような尊敬を感じるような尊い事実を、しばしば直感できますよ。

そうすると、過去、まあこういうことを知らなかった自分の生き方があまりにもでたらめで、無謀で、むちゃくちゃだったなということ、つくづく感じる。

つまり、こういうことを知らないで人生に生きている人は、なんのことはない、持たずともいいものをだれにも頼まれもしないのに、一生懸命持って、重い重いと困っているのと同様なことなんですわね。

そういう人間がいたら、あんた方褒めるか笑うか？

いつ見ても重いカバンを提《さ》げてるやつ見てからにだね、

「あなた、いつお目に掛かっても、その重いカバンをお持ちになってらっしゃいますが、そのカバンの中に何が入ってんです」

「いや、別に何も入っちゃいませんけどもね、石ころ同様のものが入ってるんです」

「始終お入り用なの？」

「いや、要《い》りやしませんけど、それがまた妙なんですよ、私これを持たないとなんだか気に掛かってね、提げているようなわけで」

っていうときに、聞いてる人がそれを聞きながら、「感心な人だね、これはとにかくよ、だれにも頼まれてない、役にも立たないもの持ってなきゃ気が済まねえって持ってるなんてことは、おれにはできねえこった。ああ、見上げたもんだ」と思うかい。

いくらねえ、どんな至らない人でも、それ聞いてからに「あほかいな、こいつ。少しいかれてるな」とこう思うだろうが。

人がしてるとそう思いながら、あなた方がやってる場合には、ちっとも気がつかない。どうだい。あなた方、どうしても今それを思わなきゃ、また考えなきゃ、もう一分といえども現在が過ごせないというような大事なことを現在、思ったり考えたりしてるかい。

大抵あんた方、腹の立っていることや、悲しいことや、煩悶していることや、考えなくても考えてもどうでもいいようなこと、また考えても考えきれないことか、考えれば考えるほど自分の気持ちを悪くして、果ては健康や運命を悪くするようなことばかりじゃねえか。

それでもなおかつそうは言ってもだ、

「そりゃね、先生から見りゃそうかもしれないけど、もうわれわれ凡夫《ぼんぷ》としては、これは考えずにいられないから考えてるんですよ。人のこっちゃあるまいし、自分のこったから」

変な言いぐさ。そんな自己弁護を真理が同情するか？

「ああそうか、よしよし、じゃおまえの場合は特別だから、考えろ、考えろ」

といってからに、考えさせて、何の結果が悪くならなきゃいいけども、考えろ、考えろとおだてるように考えさせといて、結果、きっと悪くなっちゃう。ねえ。

それをしも考えないで、人間がこういうことを思ったり、こういうことを考えて、煩悶したり、腹が立ったり、悲観するのがねえ、これは逃れることのできないいわゆる人間の業《ごう》だと、こういうふうに思ってる人があるんですよ。

こりゃ笑えない、結構滑稽ですよ。それをやってたということが気がつくときがきますぜ。もう私なんか、もうインドで何遍かほんとに、冷や汗の出るような、だれもいなくても、恥ずかしい思いを自分で感じたよ。

本当に悔い改めるときはね、だれもいなくても、恥ずかしい気持ちになるのよ。

こういう話は言わんがために言っている話じゃないんですよ。


事実において人生苦というものの九割九分は、よろしいか、入念に分析してみると、心を己の生命の生きるための道具として使わないで、反対にそれに使われているがためであるんですよ。

生命に対する支配権を心が持つもののごとく、誤解しているからなんです。

もっとはっきり言うと、自分というものを知らず知らず、心の奴隷にしているために、年がら年中、煩悶、苦悩というものに苦しめられているのですよ。奴隷にしなけりゃ、苦しめられやしねえんだ。

いかなる場合にも心を立派に使って生きよう

私は始終ね、普通の人よりたくさんの人に会います。

この中にいる人の仲間で一番私が余計知己《ちき》を持っているでしょう。

なぜだって、私の教えている人、もう既に百万人以上に達してますが、こっちは忘れている人でも、みんな向こうじゃ覚えてますものね。

四十年も五十年も会わずにいた人が、私をひょいっと見ると「あっ、天風先生」とすぐ言う。

それはなにがなし、自分の心の中を明るくさせられた、うれしいインスピレーションを与えてくれた人を、忘れるはずない。

ですから私いろいろなたくさんの知己を持っていて、いろいろなたくさんの人にまたしょっちゅう会ってますが、しかしその人々の中に、自分の心を、自分の生命の道具として使って生きているという、本当の人間には、天風会以外の人間で、本当に会ったことがないということが、誇《こ》張《ちょう》した言葉じゃないですよ。

世間的にはね、これはもう生き神様だとか、生き仏様だとか、この人は生きながら人間でないえらい人だなんて言われる人に随分会いますよ。それが会ってもう五分たたないうちに、なんだ、評判倒れじゃないかと思うようなやつが多い。

この間、東京である現代の政治界で有名なやつが、やっぱり国会問題でもって、自分のちょっと考えが足らないからといって、ぼくのところに質問しに来てた。

ときにだ、大きなこれはバスかあるいはトラックでもあったんでしょう、大きなチューブが破裂したんでバーンと言ったね。

するとまあ電車道からほど遠くないところに私の屋敷がある。後ろが大きな崖山になってますから、それへ反響して、往来の音が随分大きく響く。

そしたらその政治家、一生懸命私にいろんなことを聞いていて、私の説明を聞きながら、バーッと驚きやがったから、

「どうしたい？」

「ああ、びっくりした」

「なんでびっくりしたの。おれ別におまえびっくりするようなことしなかった」

「あの音、先生聞こえないのか」

「ばかやろう、音が聞こえないほどおれはつんぼじゃねえや」

「あれで先生、びくともしないの？」

「ばかやろう、音聞いてびっくりしたら、少し腹具合の悪いやつの脇に座ってられるか」ってそう言ってやった。

そいつは「やっぱり、できている人は違うな」って言うから、

「できてる人が違うんじゃねえや、できねえ人が違ってんだ」

ってそう言ってやった。

全くそういうふうにあれだい、度胸のねえ人間だから、みろ、こんなつまらねえこと、おれんとこに聞きに来るんじゃないかって、笑ってやったんだけど。

そりゃもうね、見かけはばかに、それは大臣だなんていうとえらそうで、「ダーダイ！」ってびっくりしやがんだもの。

びっくりするほどびっくりするのがなぜいけないんですかと、あなた方は言うけど、びっくりするのは私だってするよ。

私ね、心身統一法を徹底的に知ってるから、ものを感じなくなってるんじゃないんですよ。ご冗談でしょう。

軍事探偵したくらいの人間ですもの、多情多恨だ。あなた方と違ってからに、感じでもなんでももっと微細に感じますよ。

それでいて、感情の虜にならないのはどういうわけだというと、そいつと心と結びつけないだけなんだ。

それはドカンと音がしたら聞こえますよ。怒ること、悲しいこと、やっぱり感じます。

感じなきゃ石塔《せきとう》と同じこっちゃねえか。

そんな人間になりたかったら、心身統一法なんかやらないで、死んじまいな。

そうしたらなんにも感じないで生きて行かれるから。

しょんべんぶっかけられようが、墓場張り倒されようが怒りゃしねえ。

ただ私があなた方と違うところは、バーンときたやつを、あなた方はキューッと抱きしめるからいけないんだ。

私は必要のないことは雲煙過眼《うんえんかがん》（物事に執着しないこと）、太刀風三寸《たちかぜさんずん》身をかわす。

必要のないものはすーっとかわしちまえさえすればいい。

ところが、たとえば急行列車のような勢いのいいものでも、ダーッと飛んできても、そいつに触れさえしなかったらどうもねえだろう。それをあなた方はだ、小さなハエが飛んできても、こっちから突き当たるからいけないんだ、ねえ。

だからほら、いろんな理屈を知ってそうに見えるやつでも、客観的にはえらそうに見えたり、幸せそうに見えるやつはいるけど、本当に主観的に幸せで、主観的にほんとにできてるやつというのは、ほとんどいないと言っていいような状態。

たとえば初対面で、「先生、ちょっとご紹介します。これ、今有名な何々大臣です」なんて名刺出すと、「ああ、そう。まあこれはご縁だ、私の話を聞きたかったらお聞き」こういう態度です。

その代わり学生でも、天風会員が来ると、「来たね、よく来たな、まあゆっくり遊んでいけ」。

だからよくその、大臣を紹介したり、これは皇族なんか紹介すると、さぞ先生が、これは紹介するほうも名誉に思って連れてきて、先生がさぞかし敬意を払うだろう。一遍ぐらい先生を、おれの前に平伏《へいふく》させることはできないけども、えらいやつに平伏させてやれ、なんてつもりでもって紹介するやつがあるんだよ、ばかやろうめ。

とにかくいろんな人に会うけども、本当にこの人はと思って、一遍で頭を下げていいような人に会ったことないんだよ。

えらい人のいるようでいないのは、絶対に霊魂という気が自分だなんて思っていない人の多い証拠だ。ね。

だから今も言ったとおり、人生その生活を、尊い意義あるものにしようと思うなら、肉体を自己と思うような大間違いを訂正しなきゃいかんぜ。

この自己というものは心より超越した心の主人であり、決して心の奴隷でも従者でもないと。従って、心に使われるべきでなく、いかなる場合にも心を立派に使って生きると。これが完全な人間。これが真人だ。

そういう人間をつくりたいために、私はこうやって一生懸命講演してるんだもんね。

「完全な人」になるためにどうすればいいか

しからばです、そういう完全な人、心を生命の道具として立派に使いこなしていく人となるのにはどうすりゃいいか。

私はいつでも how to do まで教えなきゃ気が済まない男だ。ね。

大抵の人はここでやめちまうんだ。

わかりましたね、ですからきょうから心を入れ替えて、肉体を自分と思わないようにしていきなさい。それで、わがこと終われりというような顔をして、得々として下がっていくのが学者です。

私はそれじゃ気が済まない。わかっている人もあるだろうけど、わからない人が一人でもあっちゃいけないと思うから。

どうすりゃいいんだろう。

実在意識領に、心を生命の道具として使いこなしていける人間になるのには。

そういう人間になるのには、心を道具として使っていく権能のあるものを心に呼び出さなきゃいけない。

その権能のあるものを呼び出さないで、ずっと心だけを動くに任せていると、ちょうど、たとえて言や、野球のチームに監督がいないで、コーチもいないで、それでやたらにただ強いチームをつくろうたって、つくれないでしょう。それと同じようなことになっちまう。

つまりいくら心を思うように使おうと思っても、実在意識領に心を使いこなしていける権能のあるものが呼び出されない限りは、駄目です。

たった今、耳にされたとおり、各種の心の中でも特にこの動物心というやつがね、本能心だね、こいつが実在意識領を占領して、わがままいっぱいに振る舞い出すんですからこの、今この心出ろ、この心出ろ、というふうにね、指揮命令を行う権能のあるものが、心の表面に呼び出されないてえと、害をふるう横着なわがままなやつだけがいきなり飛び出してからに、心の尊い花園を暴れ回り出す。

そうして肉体の要求に対してはほとんど無制限に、それで無自覚にそれを要求しようとする。なんのことはない、山からつかまえたての、訓練を施さない子猿が、きれいなお座敷へ放たれたと同じ結果がきちまう。

あなた方の心だよ、それが。

だからこうした重大な事実を考えるとき、何をおいても、そうしたことのないように、よろしいか、必要以上に、必要なために置いてある本能心だから、必要以上に働かせちゃいけない。

絶対に働かせちゃいけないというんじゃないよ。

本能心が絶対に働かなかったら死んじまうぜ。

腹減っても、腹減ったと言わない。もの食いたくても食いたいって気持ちが起こらなかったら死んじまうがな。

だから必要な、ある制限の限界を超えない状態に本能心を使って、本能心のみだりの跋扈《ばっこ》を許さない、立派な心を使いこなしていけるようにするには、要するに権能を呼び出さなきゃいけない。立派に心を使いこなしていく、権能と言うとわからないなら、権力のあるものをね。力あるものと言ったら余計わかるか。

それじゃその、心を使いこなしていく力あるものはなんだというと、霊魂についている意志《いし》というものを呼び出さなきゃいけないんですよ。

西洋の「知情意」じゃありませんよ、この意志は。霊魂についている霊魂付属の固有性能なんです。

この意志というもの以外に、心を立派に使いこなしていける力あるものは絶対にほかにない。

だから結局要するに、

「心こそ心迷わす心なれ。心に心、心許すな」

って言って、心にしょっちゅう自分が使われているやつは、この力ある意志というものが心の表面に呼び出されていないがためなんだよ。

ところが学者や識者は、ここに論点を置かないで、なんとねえ、心というものを支配する力のあるのは理性というものだというふうに考えている人がある。

理性てえのは、ものの善し悪しを分別することはできても、使いこなしていく力はできない、ない。

ちょうど、なんのことはない、わがままないたずら小僧を、理屈ばっかり言ってからに、子どもの言うことを聞かない、貫禄のない、口やかましい先生に預けたようなものだ。

理性というやつはただ人間だけにあって、動物にはない心ではあるけれど、それはいいとか悪いとか、あれがこうだとかああだとか考えるだけの力だけで、そう考えたからこうしなきゃいけない、ああ考えたからこうしなきゃいけないという、この押さえつける権利はない、力は。ところが学者というものはわからねえからでしょうけども、ただ机の上だけの議論でもって、自分の考え方まとめてるから、本能心のような肉体本位の無反省の乱暴な心は、この理性心でもって、ちゃんと制御していけっていうんですが、こいつはできないよ。

だから何かこう、これ以上の天風の言っているようなことをわからない人は、何かこう、それが大変いい教え方のように思って、これは、子どもや生徒や使用人を訓戒《くんかい》するときでもね、いつかも私がここで話したとおり、「いいと悪いがわかったら、なぜ悪いことしないでもっていいことしないんだ」なんてことを言って、小言を言ってる人があるだろう。

「無教育の人間じゃなし、教育受けていながらなんだ」てなことを言ってるけど、それはもう親が小言を言うまでもなく、先生が小言を言うまでもなく、大した学問しなくたって、いい、悪いはだれだって知ってるもの。

そうだろう。うそついていいとか、泥棒していいとか思うやつ、一人もいやしねえ。

泥棒だって、本心良心があって、いい、悪いがわかればこそ、夜中来るんだもん。いい、悪いがわからなかったら泥棒はね、もう昼間公然と来ますよ。

「おれは食うに困ってるんだ。だからおれは商売替えして泥棒になった。名刺にちゃんと書いてあるだろう。こうやって株式会社で泥棒やってんだ。だからきょう、なんか持っていく」

って、持っていくがな。いい、悪いのがわかっているから夜中、ねえ、抜き足差し足で来るんじゃねえか。

だからもう、そんなばかばかしい考え方を本当のように思っている考え方を、断然私は反対するぜ。

そんなことで人間の心が焼き直せるもんかい。

それを親でも、教師でも、先輩でも、「悪いと思ったらするやつがあるか。君の常識はどこにあるんだ」なんて言ってな。小言言うやつよりもっとすぐれた常識持っているかもしれない、自分でも悪いと思いながら、どうしても悪いこと思ったり考えたりしたりするのだって、困っているやつが多いんだ。

理性心というものは、それは人間だけに与えられて、ものごとの善し悪しを判別する働きを持っているから、これは尊いには違いありませんよ。

尊いに違いないけど、しかしですよ、理性心というものには心を統御する力というものは少しもない。反省をうながすだけでもって、またうながしきれないものなんだ。

理性心の持つ力は、いい、悪いだけなんだ。ね。

人生に生ずる事柄に対象を論理的に施して、それはいいよ、これは悪いよとかということだけなんだ。

限定された働きしかないんだから。

だから、哲学的な言葉を使うと、理性心というものの持つ力は、相対的なんです。絶対的じゃない。従って本能心を統御、支配し得る絶対的な力は、全然ない。それをそう考えないで、学者はあるように言うんだから、今も言ったとおり、できない相談。結局は駄目ですよ。

理屈知ってる人間が、本能心を立派に統御できたら、学者や識者はみんな気楽《きらく》に生きているはずだが、どっこいそうじゃねえじゃねえか。

※残念ながら録音はここで途絶えます。遺《のこ》された中村天風の口述筆記資料より、本講演の結びとなる内容を掲載します。

心を完全に操縦し、またこれを完全に支配する威力を有するものは、実に意志なるものより外《ほか》には絶対にない。意志なるものが、心の働きの一切を統率する最高なる統率者なんです。

そもそも意志というものは、元来真我の属性なんですから、意志そのものは非常に強いもので、俗に意志が強いとか弱いとかいうのは、これは意志そのものの強弱をいうのではなくして、意志の力の発現の強いか弱いかを指して言ってるんだよ。

ですから我々が第一に当面の急務として知らなきゃならないことは、意志の力をもって完全に自己の心を操縦するべく、いかにすれば意志の力を発現させることが出来るかという実際的な手段です。

それはどういうことかというと、第一に意志の集中ということを現実にする修練をして、意志の力の発現を容易にする習慣をつけるということ。

これに関する実際の理解は「精神統一の実修に関する理解と注意力の訓練（第三章掲載）」ということを述べるときにお話しいたしますが、いずれにしても、意志の力は、意志の集中を実現するべく習慣づけると、極めて自由にそして極めて強固に発現するようになる。

そして意志の力が一度完全に発現すれば、心は自由にこの命令に服従し、また自由に支配されることができるようになり、任意の操縦ができるようになるんだ。

ただし、くれぐれも注意しなければならないことは、決して急ぐなかれということです。

このことはすこぶる重要なことなんで、一朝一夕《いっちょういっせき》、目的の彼岸《ひがん》に達することは容易ではない。

くたびれたら休み、進歩を焦るのではなく、むしろ一歩一歩を堅実に進むことをお奨めする。

梅花《ばいか》の馥郁《ふくいく》たるや蓋《けだ》し、霜、雪、霰《あられ》の寒苦を経たるが故であることを悟って、徐々として堅実なれ、とあえて申し上げる。

第三章

「正しい心の使い方」ができる人・できない人

昭和三十六年（一九六一年）十一月

京都

「正しく心を使う」ということとは

あなた方はすでに、きのうまでの講習会で、観念要素の更改と、積極観念の養成法と、神経反射の調節という三つのことをやりさえすれば、感応性能というものを強くすることができることができ、その結果として、心の力も非常に積極的になるということを教わって、もう実行されていると思う。

さらに心の働きということに関しては、この使い方というものがあって、法則以外の使い方をしてたらば、十分理想どおりのプラスのものにならないんであります。

反対に、法則どおりの心の使い方をすると、こんな働きが自分の心の中にあったのかしらんと思うほど、自分で自分の心の尊《とうと》い働きに不思議を感じるくらいな、それはもうかつて今まで経験したことのないような、うれしいとか、楽しいとか以上の尊さを味わえるようになる。

手っ取り早く言えば、まだ来たらざる明日のお天気だって、自然とわかるようになったり、いわんやまして、人が来るか来ないかぐらいのことはすぐわかるようになる。

だんだんさらに心の働きが向上してくると、人の言葉を聞かない間に、もう既にその人の気持ちがわかるというような状態にさえ、なれるようになるのであります。

ですから、そうするには一体どうすればいいかということを、正しく理解づけようとするのが、今晩のこの研修科の目的なんです。

難しい言葉で言えば、精神生命の固有する可能率の促進であります。

やさしく言えば、心の持つ働きを、もっともっと頼もしい状態にするためです。

この世間には、心の使い方を正しく認識されて、それを実際的に活用されて生きている人もいるし、ただでたらめに「思うがゆえに思うんだ、考えるゆえに考えるんだ」というような、なんの分別《ふんべつ》も準備もなく生きている人もいる。

でたらめな人は要するに、心のただ動くに任せているだけ。そういうことでは、心の持つ働きなぞは、断然プラスにならないのであります。

そこでそれじゃ、一体どんな心の使い方をすることが、一番先に必要な理解か。

どんな場合にも、意識明瞭《めいりよう》ということがおろそかにされちゃいけないんであります。ねえ。

意識明瞭というのは、やさしい言葉で言や、澄みきった、はっきりした気持ち。

その澄みきった、はっきりした気持ちで、人事世事《じんじせじ》、一切の事柄に応接するという心がけが、少しでもおろそかにされると、もう心の使い方、いわゆる精神使用法の原則に悖《もと》った（反した）ことになる。

「澄みきった、はっきりした気持ち」が精神統一の基礎

多く言うまでもなく、習慣は第二の天性でありますね。英語でもHabit is second nature というくらいで、習慣は第二の天性。

だからいつも、何事をなす場合でも、何事を言う場合でも、澄みきった、はっきりとした気持ちで、諸事万事《しょじばんじ》に応接するということを心がける人は、あえて自ら求めるまでもなく、いつとはなしに、どんな場合にも、意識の混濁《こんだく》というものがないんであります。

つまりピンボケがなくなっちまうんだよ、心のレンズの。どんな場合においても明瞭な意識であり得るように、ひとりでになれちまうんであります。

するとそれが立派な、いわゆる精神統一の基礎になるんだから、難しいこっちゃないんだ、精神統一ということはね。

こういうこの順序というものの、理解がはっきりしちまえば、それで精神が統一されるようになる。

そうなると、精神生命の可能率はぐんぐん、ぐんぐん促進されるのであります。

つまり、心の持つ働きが、急激にそのバロメーターを向上するという事実が表れてくるんだな。

だから、理屈はとにかく、何をおいても、どんな場合にも、はっきりした気持ちで、諸事万事に応接するということを、心を使うときの何よりも必要な、心得としなきゃいけないんですよ。

心得というより心がけと言おうか。

学問的な言葉を使えば、それがいわゆる根本条件になるんだから、ということになるんだよ。

ささいなつまらないことでも、気を打ち込んで行う

そこでさらに、このはっきりした気持ちを、一段と現実にするのに、極めて効果のある心がけを、もう一つ言い添えておこう。

澄みきった、濁《にご》らない、はっきりした気持ちということは、言葉ではわかるかもしれないけども、どんなものが一体、澄みきったはっきりした気持ちかわからなきゃ、何もならないもんな。

そこで、澄みきった、はっきりした気持ちになろうと思ったらば、こういう心がけをもう一つ、何事をするときでも、思うときでも、考えるときでも、心に持たせてごらん。

それはどうするんだというと、どんなささいなことをやるときでも、必ず気《き》を打ち込んでやるように心がけるんだよ。

反対の言葉で言えば、気なしにやるようにしないこと。

あなた方は往々に気なしにものをやるからいけないんだ。

急《せ》くことと、面白みのないことと、それから値打ちのないこと、さらに慣れたことをするときに、とかく心がピンボケになるてえのは、とかくそのときが、そのことに気が注がれないで、気がほかに遊びに行く、いわゆる気が散るという状態になるからだよ。

気が打ち込まれて行われることには、気が散るということがないんであります。

だから、気を打ち込んでやる習慣をつけるてえと、いつでもはっきりした気持ちが、容易に長

続きがするといった状態でもって、持ちこたえがきくんだな。

「心のまとまりを失う」ことを「気が散る」という

多く言うまでもないことですが、人間が心を使うとき、およそよくないことは、気が散るということであります。

気が散ると、自然と心のまとまりが失われちまう。

すると、その当然の結果、心の働きも分裂しちまう。

よく見受けることですが、世間の人の中に、たくさんな仕事や、ややこしい事件にでも不意に直面すると、即座に頭から面食らっちまうやつが随分いるでしょう。

あなた方もその仲間の一人じゃないかい？

もう手も足も、どうにもできないような状態になったように、まるでカゴの中に入れられたタコみたいな気持ちになるような。

西洋にもそういうやつがあると見えて、こういう言葉がありますね。

「I am just as closed in the bottle with heavy cover」

厳重なフタをされているビンの中に閉じこめられたような気持ちがします、と、ほんとに困っちまったことを言うんですね、これ。

西洋にもやっぱり、日本人と同じような、普段心を使うときに、ピンボケで使っているやつが多いと見えて、何か一時《いっとき》に、ややこしい事件や面倒くさい仕事を山と積んでこられるてえと、もうどうにもしょうがなくなっちゃって、手も足も出なくなっちゃって、ただもう、うろちょろ、うろちょろしてしまう人が多いと見える。

そういう人は、平素、気のまとまりがついてない人だからなんですよ。

気のまとまりがついてる人間というものは、そこにどんな山のような仕事が出てこようとも、平素気が打ち込まれてますから、取り乱しがないんですよ、心に。

どんな複雑なことに出くわしてもね。

ピシャッとまとまった気持ちで、すべてのことを、澄みきった気でもって、快刀をもって乱麻《らんま》を断つように処断していく。片っ端から、パキパキとね。習慣です。

山のような仕事に立ち向かうには

昔の話ですが、徳川三代将軍家光《いえみつ》のお指南番として有名な初代の柳生但馬守《やぎゆうたじまのかみ》。まだあれだけの使い手にならないときに、あるとき、禅の坊さんで有名な沢庵禅師《たくあんぜんじ》に、こういうことを聞いた。

「一本の刃《やいば》が目の前に現れたときは、どうやら日頃会得しました剣の道であしらうことができます。

なれど、三本、四本、五本と数多くの剣が目の前へ一時に出てきますと、いかにともあしらいかねるような気持ちになります。

一体かような場合に、いかなる心構えが必要でございましょうや」

昔の禅の坊さんは、剣の道に対しても、心のほうができていただけに、よほどそこに剣一本で命を生かしていた武士なども、悟れないことを悟っていたらしい。

よく、昔の兵法の本の中には、禅の坊さんの教えで目が覚めたということが書いてありますが、今の禅の坊さんはどうか、私はあまりおつきあいがないから知りませんが。

その質問を受けたときに沢庵禅師が、

「いとたやすいそれはお訊ねじゃ。

一本も数本も同じこと。

一本、一本あしらいなされ」

と、こう言ったっていうんだ。

これは俗人の問答じゃわかりますまいか。

なれど、剣一本、それが命の、ただ一つのものということで毎日を生きていた剣道家には、この言葉が一遍でわかったらしい。

つまり、沢庵禅師の言った言葉は、一本出たって、五本出たって、あしらうのは一本一本だから、一本をあしらっているときと同じように、一本一本をはっきりあしらえばいいじゃないかと、こういう言葉なんです。ね。

だから、どんな山のような仕事ができちゃったって、一時《いちどき》にそれをしようとするから、まごついちまうんだろう。

やっぱり片っ端から、パキパキ片付けていくよりかは、手はないんだもの。

その心得がありゃ、どんな場合にも、急ぎもあわてもしないで、そして傍《はた》から見たらば、よくまああれだけの忙しい仕事をやってるなと思うような、用の多い仕事をするときでも、どうにもしょうがない、なんていうことは、決してそういう人間は心の中に感じませんわね。

「忙しい」と口に出すのは恥ずべきこと

ところが、平素気をまとめて生きる習慣のついてない人はです、もう普段と違ってからに、非常に何か用が山のように目の前に現れてくるてえと、よく言う言葉ですわね。

「ああ、とても忙しくて目が回るようだ」

けれど、どんなに忙しくても、目の回る忙しさというのは私、自分自身が経験したことないから、人間の世界にはないだろうと思う。

耳でも悪けりゃ、目が回るということもあるし、また頭痛でもすりゃ、目の回るということもありましょうけど、忙しくて目が回るてえのはないんだが。

もっとも、「目が回る」とは言わない。「目が回るようだ」と、こう言うんですがね。

「忙しい」というのは、大体人間として本当に正しく、心というものを理解している人間の、口にすべき言葉じゃない。

なぜかというと、この「忙しい」という言葉は(板書しながら解説)、これ(りっしんべん)は「心」という字なんだよ。

つまり、心が失われているというんだから。「忙しい」というのは、心が亡くなっちゃったことなんだ。

だから、「忙しくてしょうがねえ」というのは、結局早い話が、おれは体ばかりで、心が亡くなっちゃったというのと同じことなんだから、これは恥ずかしいことなんだ。

その恥ずかしいことを恥ずかしいと思わず、平気で生きてるのは、結局要するに、こういう理解がないがためなんだが。

ピンポンや麻雀も「忙しい」が、なぜ苦痛でないのか

しかしあれだな、本当に忙しいのは、人生の生活を行う、この実際的な場合よりも、自分のこの興味を感じるような、遊びごとのときのほうが、もしも忙しいという言葉を使ったらば、多分にあるんじゃないいんですか。

いかが?

たとえば、中学校や高等学校の生徒が楽しみにやる、あのテニスだとか、あるいはピンポンのごときは、これは忙しいぜ。休むことができないもの。あのゲームをやっている間はね。

野球だとか、あるいはフットボールだとかという、多人数でもってひとつの遊戯を協力でやっている場合は、要領よく怠《なま》けることもできるけれども、相対《あいたい》でやっている勝負の場合、「これはもう目が回りそうだから、おれは少し休むぜ」

と言ったら、勝負にならないもの。

ピンポンなんかもう、ちょいとでも休んだら、みんなそらもう、こっちの負けになるだけだ。碁を打つんだって、将棋を指すんだって「忙しくてしょうがねえから、もう打たねえから、見てるから」じゃ、勝負にならない。

そういう場合に「アーッ、忙しくて目が回りそうだ」という人はなかろうじゃないか。

麻雀だってそうじゃないか。

傍から見てるてえと、ほんとに寿司屋の出前職人みたいに、並べちゃ「ポン」なんてやってるけど、ねえ、やってるやつはもうどんなに忙しくたって平気なんだ。取って投げちゃ、また取って投げて、また取ってとやってるんだから。

つまりあの場合には、気が打ち込まれてます。ね。気が打ち込まれてるから、したがって倦怠感《けんたいかん》もこないもん。少しも。

だから気が散らない。

だからこの、たまたま日常の生活の中で味わう事柄を考えてみると、常に何ごと何ものに対しても、ピシャッと気を打ち込んで、応接するという心がけを実行しなさい。

そうしないとね、いつか知らざる間に、自分の心の中に、不必要な雑念や、くだらない妄念や、その他のつまらない想像観念がややともすると、心の中に出てきて、もうバラバラに気を散らしてしまうんですよ。

そうするてえと、当然また、意識は不明瞭になる、ね。

そうするてえと、また当然、精神生命の可能率というものが、ぐんぐんマイナスになる、低下しちまうんでありますす。

なぜかと言や、結果において精神統一というものが全然できなくなっちまうから。

禅の昔話が教える、心の使い方

心がピンボケになるてえと、どういうわけでそういうような状態になるのかというと、ここが多くの人のわからないところなんで。

これは心理学のほうから言うと、観念の集中度というものが狂ってくるからなんだ。つまり、心のレンズのフォーカスが、ね、調子が狂っちまうから。

禅の坊さんのやる、座禅というものも、結局の目的はここにある。観念の集中度に狂いを生じないようにしようがために、接心《せっしん》ということをやるんだ。

接心。多分、その言葉を一番最初に言われた方は、夢窓国師《むそうこくし》じゃなかろうかと思いますが。

こんな話で私は覚えているんだが。

禅寺の近所に住まいをしていた魚屋の親父《おやじ》があるとき禅の坊さんをとっつかまえて、

「なあ、和尚《おしょう》さん。お寺には坊さんがうんといてからに、禅の修行てえのをしているそうだが、なんだか訳《わけ》わからないけど、しょっちゅうああやってからにまあ、暇があると座ってござるが、目をつぶって。

そしてそうしてないときでも、よくまあ、あんなに体が続くわと思うほど、朝早く起きて、晩も遅くまで頭も使うし、体も使うし。

あれかね、この禅というものは、そうしなきゃわからねえほど、難しいものかね」

と、こう聞いたんだ。そうしたところが、

「いや、禅というものはのう、難しく言えばとことんまで難しい。けれども、やさしく言えばひと言でわかることじゃて」

「ありゃ、そうかね。難しく言えばとことんまで難しく、何もわからねえくらい、どんな学者でも困っちまうという問題が、あれかね、やさしく言えばひと言でわかるのかね」

「そうなんだ」

「そうしたらそのあれだ、やさしくひと言でわかることをおれに聞かせてくれ。

おれはご承知のとおりこうやって魚屋でもって、自分の名も書けないような無学な人間でも、聞いてわかるかね」

「わかるとも。人間である以上は、人間のするこっちゃ、わかる」

「じゃ、わかるなら聞かせてくださいよ」

「うん、聞かせて進ぜるわ。禅の一番の目的は、よろしいか、飯を食うときは、飯を食いなされ。水を飲むときは水を飲みなされ」

「ええっ？　なんや、それが禅かいな」

「そうや」

「あんまりからかわずにくれや。んならおれはもう何も、坊さん、あんたに教えを受けなくたってもう、生まれてから今日《こんにち》まで、飯を食うときには飯を食って、水を飲むときは水を飲んでるぜ。じゃもう、ちゃんと禅の心得ができてるわ」

「いやいや、違う。おまえは、自分はそうやって、確かに飯を食うときは飯を食ってる、水を飲むときは水を飲んでるつもりでいるが、われわれ、禅家の者の目から見ると、本当に飯は食ってない。本当に水は飲んじゃいないない」

「冗談じゃねえぜ。飯を食うときに、別におれは菓子を食わないし、菓子を食うときには、飯は食わねえし。水を飲むときには酒飲まねえし、酒飲むときは水飲まねえよ。一時《いちどき》には飲めねえもの」

「一時には飲めないという言葉の中に、悟りがあるがのう。しからばもうひと言、おれが聞こう。

あんたはな、飯を食うとき、ほかのことを考えないか？

水飲むときに、水だけに一心、心が打ち込まれて飲んでるか？

水飲みながら、酒のことを考えたり、銭儲《もう》けのことを考えたり、飯食いながら煩悶《はんもん》のことを考えたり、悲観のことを考えたり、腹立つことを考えてやせんか」

「あるな。ああ、なるほど。そう言われてみると、そうだな。

飯食いながら、おかずがまずいことを気にしたり、飯のできの悪いことを気にしたり、はたまた、かかあのサービスが悪けりゃ腹が立ったり、子どもの仕打ちが悪けりゃ怒ってみたりします」

「そうだ、それがいけないんだ。な？

おまんま食べるときは、おまんま。水飲むときは水。

ほかに気の散らない、その気の散らないことが、禅じゃ」

「あっ、そうかいな。言われてみりゃやさしいけど、これは難しいこっちゃな」

「ああ、難しいこっちゃ。その難しいことを、本当に自分のものにするために、われわれは一生懸命、なあ、物心つくかつかない頃から、こうして禅門に入って、生涯を捧げて、修行に努力してるのじゃて」

ね。わずかな話の中にも、本当に襟《えり》を正しゅうせしめられる、悟り以上のものがあることを、考えなきゃいけないんだよ。

心がピンボケのまま生きているとなぜいけないか

つまり、結局要するに、人間の心がピンボケの状態になって、あれこれ、あれこれと線香花火みたいに気が散ってるてえと、精神統一の根本条件となる、もっとわかりやすく言うと、心の働きをぐっと向上せしめるのに何よりも必要な、観念の集中度がピンボケになっちまうんだ。ね。

そうするてえと、一体どうなるかいな。

ここに、ゆるがせのできない、大きな、人間だけに与えられた生命の本質が、はっきりした形でもって、われわれの人生に現れてくる。

ことはかりそめならぬゆゆしき問題で、第一は、もう今まで、耳にタコができるほど聞いていることだ。

いわゆる精神の働きがずっとバロメーターを下げちまうと同時に、もう一つが、これが普通の人が気がついていない、霊性《れいせい》の発現というものが不可能になってくる。

人間のみに与えられた、この霊性。

霊性の発現が不可能になると、その結果、どうなるかというと、神や仏の心であるところの、「真善美」という犯すべからざる尊いものが、その人の心から発現しなくなっちまうんでありま す。

世は二十世紀の後半期に入り、全世界が文化のクライマックスに達しているかのごとく見えていながら、この時代に生きる人類が、いかに人間という真の価値の上から判断すると、人間よりも、いやいや猿よりも、否々、豚よりも劣っているような、汚《きたな》い気持ちを持っているやつがいかに多いかを考えてごらん。

つまり、「現代のマスコミ人種」なるものは、霊性の発現なぞは全然できていない人間ばかりが、うじゃうじゃしているんだと言ってもいいような状態に、名付けられた形容詞だと思う。

心の使い方のよい習慣性が生み出すもの

真とは、嘘、偽りない誠であり、善とは、絶対愛、不偏的な。美とは調和であります。

仏の道も、神の道も、みんな一つものだ。

この世をつくった造物主の、これは結局要するに、持たれる本然《ほんぜん》の心。それがわれわれの生命の根本をなす霊魂にも与えられている。

その霊魂に与えられている霊性の発現というものがだ、なんとなんと、普段の心の使い方が、よろしいか、

気を込めて、

気がまとまるように、

気を散らさないで、

気を打ち込んで、

澄みきった、はっきりした気持ちで心を使うか、使わないかによって、その結果がかくの如き、まことに、千里の隔《へだ》たりができてくるというほど、ものすごい、プラスになるかマイナスになるかという、一目瞭然《いちもくりょうぜん》、両方に分かれちまう結果がきちまうんですよ。

だから、それがわかったら、きょう以後、よりさらに心を新たなる思いを持って、きょう教えられたとおりの心がけを実行して、要するに自分の心によい習慣性をつけるように努力しなきゃ。ねえ。

気なしに生きているのが一番いけないんだから。

今からでも遅くない、生きている以上。

すると、自然と、観念の集中度が、プラスの状態になってくる。

するてえと、もうしめたもんだぜ。

人生に何よりも大切な、霊性の発現が期せずしてできるようになる。

霊性の発現が期せずしてできるようになるてえと、人間の人生の一切を、完全に支配してくれる、意志《いし》の力というものが、霊性の発現とともに随伴《ずいはん》して、心の中に発現してくるようになる。

ただし、この意志の力は、心理学で言う「知情意」の意じゃありませんよ。

この意志の力というのは、霊魂についている、霊魂固有の性能なんです。

霊魂が働きを行う場合には、意志という一つの名目をつけられた力で働き出すんです。

人間の意志が発動するしくみ

どういうわけで、人間が気を散らさないで、気を打ち込んで、澄みきった気持ちで、諸事万事を行うとそういう結果が来るかということは、それはちょうど、電気の発生と同様な、そこに同じ条件があるんで、それから考えてみよう。

これはだれでも知っている知識だが、電気というものは、学問的に言えば、エレクトリシティというものは、この宇宙間に存在する、エレクトロン（電子）とプロトン（陽子）とが合体すると生じる、自然現象ですね。

これはまあ、小学校の子どもでも知ってるから、おっさん、おばさんだって無論ご承知のことと思いますけれども。

それがいろいろのプロセスを経て、それが、あるいは力となり、あるいは光となり、または熱となるんでしょう。

だからここに、われわれの暗さを照らしている光となっている、光を発している電気の流れも、昔じゃ一月《ひと》も二月《ふた》もかかったような長い旅を、わずかな時間でもって目的地へ運んでくれるところの電車も、またはもっと極言すると、空を飛ぶ飛行機の発動装置に対しても、この電気の中の流れから出る力が根本をなして、そして文化民族に対してからに、全く昔の人間の知らなかったような、その生活の上への大きな貢献をしている。

またさらに、昔じゃどんな熱を出そうと思っても、それ以上の熱は出なかった。がために、プラチナなんかは溶けなかった。それを溶かす高熱を、電気は簡単明瞭に出すでしょう。

これは結局要するに、そのプロセスの相違によって、そうした力ができるんだね。

これを学問のほうで言うと the equipment of generation of electric power（発電装置）とこう言ってますが。

それにはまず第一番に、そういう現象事実を出す前に必要な条件は、完全な発電装置が必要とされるね。

完全な発電装置。これをジェネレーターと言いますがね。

それと同じことなんだ。

この人間の意志というものが、発動するのも同様の理由なんで。

電気のエレメントと同じことを考えてみればすぐわかる。

つまり、今も言ったとおり、意志というものは、本当の自分であるところの、もっとわかりやすく言えば、自分というものの正体である、霊魂という気体の固有する特殊性能で、そうしてその中にある性能が発動する場所が、精神領域なんだ。

霊魂が霊魂のままで出てこないんで、霊魂の中にある、この意志の力というのが、出る場所が精神領域なんだ。

生理学的に言うと大脳だ。

そうすると、大脳というものは、電気に対して必要な発電装置、いわゆるジェネレーターと同じで、今も言ったとおり、電気を完全にいろいろな状態に発生せしめるのには、ジェネレーターの装置が完全でなきゃできないと同じようにだ、人間の意志力を発現する場合においても、その意志力の発電装置とも言うべきジェネレーターである、精神領域が完全でないと、その発現がどうしてもプラスの状態にならないだろう。

意志力を発現するのはなぜ難しいか

そこで、人間の意志力というものを、完全な状態に発現せしめる発電装置とも言うべき精神領域を、プラスの状態に用意するのには、精神が統一されなきゃ駄目なんだ。

だからほんとに精神が統一されて、観念集中のピンボケが解消されると、グッとこのジェネレーターが完全な状態で用意されたと同じ結果が、そこに来るわけなんだ。

わかったろう、これで。

だから心を使うときは、きょう教わった順序に従って、どんな場合があろうとも、はっきりした気分をつくるために、気を打ち込んでやるという心がけを第一に失っちゃいけない。

そして気を打ち込んでやって、気がまとまって散らないようになると、自然と澄みきった気分になれてくると、観念集中度が正確になってくる。

そうすると霊性発現の発電機とも言うべき精神領域が、完全なジェネレーターをつくったと同じように統一されてくるわけなんだよ。

その結果はどうなるかというと、たとえば熟練した技師が、精巧な機械を自分の手足を使うと同じように思いどおりに使えるような、実にありがたい、うれしい気持ちが出てくる。

ところが、今までのあなた方は、そうはいかないんだ。

こういうことを思っちゃいけないなと思っても、それをどうも思わずにいられない、考えずにいられないということによって、煩悶が出たり、心配が出たり、怖れが出たりしたんだろう？

そうだろう？

くだらない煩悶や、迷いに心が苦しめられたというのは、結局は、ねえ、観念の集中度がピンボケになるとすぐ、待ってましたとばかり雑念や妄念がすぐ実在意識の中に暴れ出してくるようにできてるということ。

つまり、戸締まりのおろそかにされているところへは、空き巣や泥棒が入りよいのと同じことなんだ。

心を散らかすな、心をまとめて使え

わからないようだな。こう言ったらわかるか。

この心がピンボケの状態にしょっちゅうなっているてえと、心の中に、ややともすると、心の取り締まりがおろそかになっちまうから、つまり、さっき言ったとおり、意志の力が出てきていない。

留守番人のいない家の中に、いろんな者が入ってくると同じように、意志の力の出ていない空き家同様の心の中には、すぐ出てくるものがある。

何が出てくるかいなと言うと、肉体の要求や、それに随伴する自己本位の欲望が、ヒョイと飛び出してくる。

現在こうやって私の話を聞きながらも「帰りに何食ってやんべえか」とかね、「きのう、そばまずかったから、きょうはほかのそば屋へ行こう」とか考えてるやつは、みんなこの、私の話に気が打ち込まれてないでピンボケになってる結果だ。

あるいは、腰が痛いとかけつが痛いとか、そういうふうに気持ちが行ってるのも、結局、私の話に気持ちがフッと入ってないから、もっとはっきりした言葉で言えば、私の口から出る言葉と、あなた方の魂とが一緒にくっついて結んでないからなんだ、ね。

つまりそういうのを、精神不統一。

もう一つ違った言葉で言や、精神分裂と、こう言うんですよ。

あなた方、自分じゃ気がついてるかもしれないけど、気がつかない人もあるだろうが、心が常に今言ったような状態で、まとまって使われている人には、よろしいか、心が散るということがないんだよ。

それがあなた方の場合はだね、たとえば心に百ボルトの力が与えられていても、十はお金に、十は食い物に、十は着物に、十は時候の暑さ寒さに、十はあれが欲しいこれが欲しい、次の十はまた煩悶や心配というふうに、こういうふうに蟹《かに》の目玉みたいに心が散らかっている。

そうすると、差し引き残ってるのは四十しか残ってない。

いや、中には空っぽのやつもいる。

せっかくこういうところへ来てからに、いろんな話をためになるように聞かせてるのに。

聞くには聞いてるものの、しょっちゅう蟹の目玉みたいに、気持ちをほかへ散らかしていたらば、結局、打ち込んで聞いている人が持って帰る分量の半分も持って帰らないことになる。

そうすると家へ帰って寝がけに、

「はて、何を聞いたかな？　きょう」

特に笑った面白いことだけしか覚えて帰らないなんてやつもあるわね。

意志の力が本能を抑制する

とにかく、われわれの心というものは、その使い方一つの善し悪しで、もう油断も隙もできないんだよ。

すぐ、その心を濁したり、かき回しちまうような、妙なものが心の中に飛び出してくる。

そうしてこの、肉体の要求を本位として働く欲望というやつは、わがままいっぱいに振る舞おうとする、手のつけられないこれは心なんで。

そこへ意志力が出るてえと、分《ぶん》に過ぎた欲望は意志力がピシャッと抑えちまいますけどもね。意志力が弱いてえと、それは分に過ぎようが過ぎまいが、そんなことはもう全然構いっこない。

もうなんでもかんでも、それはもう欲するままを自分のものにしたいという欲望だけが、炎と燃える。ね。

意志の力というものは尊いものだ。

意志がそこへ出てくると、ある要求に対しても、肉体生命を確保する限度以上のことは、わがままさせないもの。

けど、あなた方ともなるてえと、意志の力が出てないてえと、もう限度以上です。

酒の好きな人が酒を飲み過ぎたり、甘いもの好きなやつが甘いものを食い過ぎやがったり、こういうのはもう即座に、体に胃潰瘍《いかいよう》になって出てみたり、がんになって出てくるから、すぐさま自分の悪かったことに気がつくだろう。

けど、無形の、やっちゃいけないことをやり過ぎることがありゃしねえか。

心配しすぎたり、怒りすぎたり、煩悶しすぎたり。ねえ、悲観しすぎたり、やきもち焼きすぎたり。

そうするてえと、肉体生命を確保するに必要な限度を超えちまってるから、それはどんなにいい薬飲もうが、どんなにいい医者にかかったって、第一健康がもちませんわ。

ところが、意志の力がピシャッと出てくるてえと、このわがままいっぱいに働こうとする肉体の要求のみを、心の中でもって我が物顔に、これはもうあろう限りの乱暴狼藉《らんぼうろうぜき》で乱そうとする本能心というのを、ピシャッと抑えてくれる。

生命確保の必要以上なものは、要求させない。

意志の力は理性心も取り締まる

それのみならず、理性心に対しても、理性心というのはご承知のとおり、ものの善悪、邪正《じゃせい》、曲直《きょくちょく》を分別する心ですが、この理性心に対しても、厳格に、

「そこまで、それ以上はいけない」とか「そこはおまえの言うことが正当だ」とか、

「おまえの今理性で考えていることは、きょうのおまえの理性が正当と認めているが、明日になっておまえの理性の根本である知識が進むと、それが間違いだということを発見するようになるよ」

てなことを、ちゃんと取り締まって、ありがたい働きを行ってくれる。

だが、意志の力が出てないてえと、今度は理性のほうももう「おれの言うことに間違いがあるか」てえなことを考えちまうから、そうすると霊肉《れいにく》の戦いがしょっちゅう、それはもう極度にこんがらがっちまうんだよ。

するてえと、有識階級者ほど、無学の者よりもはるかに形容のできない、理知的煩悶という煩悶が、心の中に出てくるのであります。

人間てものはね、自分の考えてることが、いいか悪いかわからないときに考えてる苦しみよりも、

「ああ、こんなこと考えちゃいけねえな、こんなことを思っちゃいけないな」

ということがわかっての苦しみというものと比較すると、そのほうがはるかに苦しみが大きいんだよ。苦しみの倍加率が来るもの。

たとえばもっと簡単な話で言えば、夜、寝られない。寝られないことだけを気にしていて寝ずにいりゃ、やっぱりそれは寝なけりゃ寝ないだけの損害が、活力の回復ということを完全にしてくれませんから、大きな消耗率が生命にきますわ。

けれど、そいつは無学な者でない、理知階級の場合、ただそれだけの心配じゃないものね。寝られないことの苦痛と、同時に、寝られないことによって生ずるところの身体障害と、さらに寝ずにいるために、明日の仕事にどんな差し支《つか》えがくるかというようなことを考える煩悶が、二重にも三重にも来るだろう。

そうすると、煩悶の倍加率というやつが来るんだ。

だから、昔は野蛮人時代の人間には、神経衰弱というのはなかったよ。

だって彼らは、食うにものあり、住むに所あり、交わるに相手がいさえすりゃ、それより以上

知らないんだもの。

インドでの修行時に食べていたもの

私、インドへ来たての頃ね、インドの人間の生活を見ながら、自分たちの過去に味わってきた生活というものと比べてみて思った。

同じ人間に生まれやがって、こんなくだらねえものを食ってやがって、一生おしまいになるなんて、気の毒以上に憐《あわ》れ憫然《びんぜん》だなと思ったんですがね。

こっちが憐れ憫然だと思うほど、向こうはうれしがってませんよ。

知らねえんだもの。

禅の坊さんも随分それは、粗食でもって毎日を過ごしておられるようでありますけど、私のインドの三カ年の生活のとき食べてたものをご披露しよう。

主食はヒエであります。

ヒエも、煮たり炊《た》いたりしないの。水漬けしてあるやつを、水でふやかしたやつを、嚙むにも嚙まれません、ヒエですから。飲み込んじまう。

米が三度できます、一年に。土地の気候の関係。

けれど、米を食いません。

米は砂糖や塩を買う、いわゆる物々交換の文明の人間たちが使う、貨幣と同じように使ってます。

米を食うと、体を弱くするという真理を、早くから知ってましたから、米食いません。

それからもう一つ食わないものがある。

なんだってえと、生き物は断然食わないの。

死んだものは食うか？

死んだものも食わないの。

殺すとき、殺されたくないと暴れて動くもの、声を出すもの、一切食っちゃいかんと。だから魚でも鳥でも、全然食わないんであります。

ですから生き物がまた、人類と仲の良いことね。

人を見たらすぐに逃げ出すあのリスのような動物が、これはもう、人間見るてえと、向こうから親しげに跳んできてからに、肩に止まったり、頭の上に乗っかったりしてくれるんですよ。

馬に信頼されるインド人、飼い犬に吠えられる日本人

驚いちゃったのは、子どもが馬と遊んでて、馬の後ろ足のところに両手でかじりついちゃ、キャッキャッ言って騒いでる。

初めて私見たとき、

「危ない、おい。馬の後ろ足なんかにかじりついちゃ蹴飛ばされるわ」

と言ったところが、

「蹴飛ばされるって、どんなことされるんだ」

って言うからね。まだ十分にインドの言葉のわからなかった時代だから、四つん這いになって跳ね上がって見せたんや。そしたら、

「そんなこと、馬、しないよ」って言う。

日本の馬はそんなことしたら、いっぺんで蹴飛ばすわなあ。

よくよく考えてみたら、蹴飛ばさないはずですよ。馬のほうが人間を信じてるもの。人間は決して、人間以外の動物に残酷な気持ちや処置はしないということを知ってますから、十分信じ切ってますもん。

ところが、あなた方ともなるてえと、えらいのか、ばかなのか、うちの飼い犬にさえ吠えられてるやつがあるね。

それで一生懸命妥協を申し込んで「おれだ、おれだ、おれだ、ちくしょう。主人を忘れるやつがあるか、おれだ」なんてね。

とにかく、ヒエを食べていて、こうしてやせるどころか、グングン私の体が持ち直されちゃったんや。

それから野菜はもちろん芋や、人参や大根や、というものですが。

それからまたさらに、驚くべきものをうんと食わせられた。

果物であります。

果物はもう、タダでもって野山にたわわにある。好きなだけ食えって。

好きなだけ食えって言うと、人間ってよけい食わねえ。

妙なもんだね、あれ。食っちゃいけねえと言うと、盗んでも食いてえけどもね。

ですからインド行ってからに、粗食でしかも、ググン私は体を持ち直したんですけれども、粗食を食いながら考えたの。

自分たちは文化の生活してます。ましてやヨーロッパあたりの一流の料理屋でもって、お給仕してからにインドへ入ったんだから。

かわいそうに、一生は一生と言いながら、こいつらまあ、文化の設備の生活なんか、一遍も味わったことがなく、朝から晩までまあほんとに、上等な奴隷が木の下、下等な奴隷はみんな溝の中で寝てるんですからね。

こっちはそれ以上の階級の高い食い物を食って知っているだけに、煩悶がくるわね。

理知も、「心の使い方」しだいでありがたくないものになる

だから結局、理知階級が、その理知を正しく統御《とうぎょ》する意志力が出ないで、理知力だけで人生を生きようとすると、いきおい、どうしても理知が煩悶を起こさせる導火線になるんですよ。

だから理知というものをそういう一面から考えると、ありがたいような、ありがたくないようなものだとも言えるんだ。

それはちょうど鉄なお断つべき正宗《まさむね》の名刀を、使い方知らねえやつが持ってるのと同じことなんだな。

使い方さえよけりゃ、もう今言ったとおり、非常な切れ味が出るんだが、使い方が悪いてえと、てめえの体を切ったりして怪我《けが》するぐらいが落ちなんだ。

だからこういう点から考えても、どうしても普段の心の使い方、あだやおろそかにしちゃいけないいんだってことがわかりそうなものだけれども、心の急くときや、慣れた仕事や、面白みのないことや、値打ちのないことをするときには、いつもすーっとこう……。

いえいえ、そういうときばかりじゃない、普段何でもないときにだって、ぽーっとね、心があるんだかないんだかわからないような状態で生きてるやつが多かねえか。

実に現代人は、自己自身の心でありながら、自己自身の心を使うとき、もう実にそれは粗忽《そこつ》千《せん》万《ばん》以上の、ぽやーっとした気持ちで使ってる場合が多い。

だからそういうやつが、現の証拠、即座にすぐわかるのは、そういうやつに限って、第一物覚えが悪いわ。

物覚えの悪いのが、そういうところに原因があるとは知らねえので、物覚えの悪いのを何も自慢にするわけじゃあるめえけれども、格別恥ずかしいと思わないで、平気で言ってるやつがあるね。

「私、覚えが悪いんでございますので、どうぞひとつ、もう一遍念を入れてお教えください」

なんてね。恥ずかしいこっちゃねえか。

私は少し頭がとろいんですからと言ったほうが早いじゃねえか。

そうかと思うてえと、物覚えの悪いやつに限ってからに、忘れっぽいんであります。

おかしなやつがいるよ、世の中にはねえ。

忘れるはずのないものを忘れちまうなんてことが、よくあるだろう。どうだい、自分自身のことは自分自身で知ってる。あなた方、ものを忘れっぽいか、忘れっぽくないか。

いや、この間も夜行の汽車の中でね、寝台の用意のできるまで、喫煙室にいて見たことだけど。

二人の男の前を、別の一人の男が「こんばんは」って言って、通って向こうへ行ったわけなんだ。

これは知ってる同士らしいんで。

そしたら、その「こんばんは」と言われたほうの片方の男が、

「はてな？　いや、あの人知ってるんで。どこの人だったかな、あれ。名前を今、ちょいと思い出せないんですがね。大阪の人なんですよ」

なんて、隣の人と話してる。

「いや、そういうことありますよ、ちょいちょい。私なんかもね、そういうときは私はしょうがないから名刺をくださいって、こう言うんですがね。名刺をもらったら何の人かわかるんですがね」

なんて話している。こいつらと知り合いになったやつは災難だなと、私は思ったんだけども。こういう話をすると、あなた方は何か他人事のようにして笑ってるね。

気を入れてものごとをするか、しないかで人生の充実度が変わる

面白い話を聞かせてやろう。

あわて者の話。

物忘れの激しいやつの話。

落とし話だよ。

今夜、一番終《しま》いの景物《けいぶつ》（興をそえる珍しいもの）だ。

これは、桂三木助《かつらみきすけ》という、とんち教室のあの噺家《はなしか》が、得意にして話した話なんだ。もうここのおしりにぴったりとくる。

あるあわて者、ちょうどあなた方のようなのが一人、表へ出た。

何も仕事がねえもんだから、ぶらりと表へ出たんでしょう。

すると向こうから、人が一人やってきたのを見て、

「ああ、あの人、おれ知ってる。毎日会ってる人なんだが、だれだったかな。ああ、ど忘れしちゃったな。なんておれはそそっかしいんだろう。まあ、いいや。聞くは一時の恥、聞かざるは末代の恥というから、とにかく聞いてみよう」

ってんで、

「こんちは」

「こんちは」

「失礼なことを承《うけたまわ》りたいんですが」

「なんだい？」

「いえ、私ね、あなた知ってるんで。朝晩お会いして知ってるんだが、今、ちょっと名前を忘れちゃったんでね。だれだったかなあと、こう考えてたんですが、どうも思いつかねえんで。いいえ、お叱りを受けるかもしれませんけどもねえ、聞かずにいたら末代の恥ということもあります。もうこれだけ、一遍でもって、もう二度は聞きません。どなたでしたっけな、あんた」

「おれだい」

「へえ？」

「ばかやろう、おれはてめえの親父だ！」

今、笑ったね。笑うやつは、己に思い当たって笑ってるんだ。

大同小異、それと同じようなことを、毎日毎日、繰り返しやってやしないかを考えてごらん、今まで。

それは結局要するに、何事をするんでも、気が打ち込んでないからの結果なのだぜ、ねえ。ところが気が打ち込まれると、今言ったとおり、尊い意志力が現実に発現するばかりでなく、ねえ、ぐんぐん心の働きが向上してくる。

精神の働きというものが向上してくるてぇと、人生の毎日の生きがいというものが、全然違ってくるもの。

この中に修練会した人は、考えてごらん。修練会しない人は、来年の修練会にはぜひおいでだが。

たったわずか十日だけ、私と一緒に起居をともにして、あの修練会をしたばかりで、今までは噛んで含めるように説明されても、人の言葉がよくわからなかったような人が、今度は何も言わないでも、その人が自分の目の前で、座ってくれただけでもって、ああ、この人が今何を一体要求しているか、わかるようになるだろう。

いわゆる感通能力。

あれが出て、わずか十日間ぐらいの、毎日の私の教える特別な座禅法を行うことによって、ああいう力が出てくるという事実を、もう体験した人は何人もいるんだから、この中にねえ。

あれは一体、どういうわけでああいう結果が来たのかいなというと、それをきょうは参考のために教えたいが、それは有意《ゆうい》注意力というものが非常に盛んに強く発動するようになったからなんだよ。

普通の場合、あなた方の注意力は、無意《むい》注意力というのが働いているだけなんだ。無意注意力というのは、犬でも猫でも持ってるので、人間としてつくらなきゃならない注意力は、有意注意力。

無意注意力というのは、何ものにも注意を振り向けずに、往来《おうらい》をぽやっと歩いてるときなんかに、急に何か、変わった洋装をしている人なんかが目の前に出てくると、パッとこう見る、あれが無意注意だ。

これは何も、修行しなくたって、犬でも猫にでもあるんだ。

有意注意というのは、意志を用いて、自己の特定した事物に向かって、注意を振り向ける、いわゆる自動的注意だよ。無意注意というのは他動的注意。

それがだ、気を打ち込んで、心を使うという心がけで人生を生きていると、自然と非常に正確になってくるわけだ。

物覚えもよくなりゃ、忘れっぽい人間が忘れなくなるというわけなんだ。

だから気なしにものごとをするか、しないかというだけで、その結果に出てくる現象は、実にそれは計り知れないほど、量において、質において、豊富なものがあるんですから。

ただ、ものごとをするときに、念を入れてやる、やらないだけで、それが長い間の月日の間に、その人間の心の持っている観察力や、連想力や、記憶力というようなものを、ぐんぐん豊かなものにしてくれる。

つまり精神活動が、極めて階級高く働くようになるわけなんだ。

そうすると、明日の天気の善し悪しだとか、今まで全然わからなかったことが、わかるようにさえなるという。

尊い心が心の中に出てくるのは、結局、今言ったような観念の集中度がピンボケにならないで生ずる結果の現象なんだぜ。

心をいかなる場合にも使え、生きている間に使え

ところが、しょっちゅうその観念の集中度がピンボケになってるやつはだ、いざ何事かを考えなければならぬ場合にもう、あれこれ、あれこれと思案投首《しあんなげくび》やったって、いい名案、工夫、何も出ちゃこない。

観念の集中度が正確になりゃなるほど、昔ならそれはもう、寝食忘れて考えなきゃ考えつかないようなことでも、今度は簡単明瞭に考えつくようになっちまう。

そういうふうに、まことに優れた、ありがたい働きが、人間の心の中に与えられてあることに気がついたら、さあ、きょうから大いにこの、何事をするにでも、気を打ち込んで、気を散らさないでやるというふうに、自分の心を、心がけひとつだもの、心がけ。

(目覚まし時計が鳴り出す)

急くことや、面白くないことや、値打ちのないことや、慣れたことをするときには、今私は、この事柄に気を打ち込んでやってるか、打ち込んでやってないか。

現在、こういう話を聞きながらも、今私は一生懸命、先生の言葉に気を打ち込んでるか、それともあの目覚まし時計の音のほうへ気が打ち込まれたか、よく考えてごらん。

自動車の運転するのと同じこった。

右に行きたかったら、右にハンドルを回しゃいいんだが、回しゃいいんだがということが簡単にわかっってても、心を始終《しじゅう》はっきり使わないやつは、右に回すべき場合に左に回しちまう、というようなことになるんですよ、ね。

自動車のほうでもってそんなことをしたら、すぐ人を轢《ひ》くか、お互いが怪我しちまうかだ。

心のほうじゃ直接に、恐ろしいことに結果が出てこないものだから、なんでもないように思っていたところに、大きな失敗があるんだ。

だからもう重ねて言うが、どんな場合があってもだよ、人間というものは、生きている間に使うために、心は与えられてあるんだから。

その心をだよ、うかつな状態で、ぼんやりした使い方で、いかなる場合にも使うという生き方をしちゃいけないんだよ。

心の使い方を、かりそめにも、いやしくも、なさずという、堅固な決心でもって、きょう以後の人生に生きるように、心がけてごらん。

そうすると、期せずして、精神生命はその可能率を目覚ましく向上してきて、そうして初めてこの、万物の霊長たる人間としての、立派な資格がつくられるんだよ。

わずかなところに、その原因があるわけだな。

「心の使い方」がうまくなると間違った考えを持たなくなる

そうするとやがてわれわれは、過ぎ去った昔の苦労や煩悶が、どれだけ現在の自分を強くしてくれたり、より尊い人間にしてくれる原因になっていたかということがわかるんだよ。

その気のつかないときには、健康の具合が悪かったり、運命の状態がよくないてえと、それがとても、何かこう無慈悲《むじひ》で残酷であったように思います。

私なんかもそう思ったよ。

「何をおれは悪いことをしたんだ。悪いことしたことねえのに、おれにだけには、戦争で殺されてるんならまあともかくも、戦争じゃ生かしておいてくれて、その挙げ句に肺病なんかくれるなんて、この世の中に神も仏もあるかい」

なんていうようなまあ、平気で言ったもんだ。

ところが、心の使い方が、「ああ、誤ってたんだな」ということがわかってから。

あの昔、無慈悲だな、残酷だなと思ったあの健康難や運命難が、現在とても素敵な、偉大なお慈悲となっているということがわかるんであります。

この中にも、その昔に医者に捨てられたような病《やまい》にかかったのが、ここへ来て治ったり、もうどうにも取り返しがつかないと思ったような運命がひらいてくれて、そして現在を生きている人たちは、私の今言った言葉が「ああ、そうだ」と思い当たるだろう？

心の使い方が本当に正当になると、病や不運というものが残酷だったとか、あるいは試練の仕打ちがあまりにもむごいというような、間違った考え方を持たなくなるんです、心がね。

それが大変な考え違いだということが、わかるようになる。

本当の強さと、心の落ち着きをつくり上げる

きょう以後、たとえいかなる苦しみ、いかなる悲しみ、いかなる困難に出遭うようなことがあろうともだ。

自分というものは、偉大な自然の法則に調和する気持ちでもって生きている。

すべてがおれの人生てえものは、おれの気ままな心の導きで生きるのでなく、おれの生命の本体である霊性の導きで生きるのだ。

だから、それにお任せしさえすれば、おれの人生というものは、どんな場合があっても、幸福の道へ、ただひとりでに行くだけのことなんだと。

今までのおれは、不幸のほうへおれの心が導いてったんだと。

もう既におれの心は、おれの心に使われるような心でなくなっているのだから、おれの心は意

志が使っているのだから、意志という霊の導きで、おれの人生というものは、黙っていても幸福の道へと、私を、その霊が導いて連れてってくれると。

という、この本当の強さと、本当の心の中の落ち着きが、つくり上げられるんですよ。

だから、きょうから以後、ね、今言ったとおり、どんな場合があろうとも……これは気をつけなきゃいけないよ。

何遍も繰り返すけども、急くことや、つまらねえことや、値打ちのないことや、慣れたことをするときに、ひょいとピンボケになるから。

私なんかね、四十三年、毎晩、毎晩、どこへ行っても同じことを言ってるんだぜ。

もう今夜の話だって、京都でもってもう既に三十回ぐらいやってるわ。

「もうやっぱり、長くやってるから、先生飽きてるな」と思うかい？

いつも、何遍聞いても、やっぱり聞けば聞くほど、新しみを感じるな、リフレッシュだなと思う気持ちを感じない？

それは、私は少しも教えを説く場合に、心がピンボケにならねえもの。

だからどうぞ、あなた方も、私ができていることなんだから、あなた方ができないはずはないんだから。

同じ人間なんだから。

らいけないんだ。

大異を恐れず、小異を軽んずるな

一体、今までのあなた方のいけないことは、幸運だとか健康というものを、他力本願にするからいけないんだ。

英語のわかる人だけお聞きなさいよ。

シェークスピアがね、『ヴェニスの商人』のあの戯曲の中に、こういう尊い言葉を言っているところがありますね。

「The quality of mercy is not strained. It droppeth as the gentle rain from heaven」

「お慈悲というものを、欲しい、欲しいと求めちゃいけないぞと。慈悲をいただけるような状態になりゃ、ひとりでに慈悲はいただけるんだ」という言葉です、これは。

それからもう一つこれは、マックス・ミュラーという哲学者の言った言葉。

「He that is to be fed at other's hand may stay long ere he be full」

「人の力ばかり当てにしてからに、己が何も努力をしないで生きようとする人間は、結局いつまでたっても、幸運というものの前に立たせられているだけだ」と言うんだ。

面白いね、この言葉は。つまり幸運の中に入れないというわけだ。

だからこの二つの大きな言葉を、自分の憲法として、何をするときでも大異といえども恐るるなかれ。小異といえども軽んずるなかれ。

すべてがすべて、何事を行うときでも、澄みきった、一心の状態でやるようにしよう。

そうするとその結果はまことに、あなた方の知らない世界、きょう聞いたような、霊性の発現というような、全く考えられない、普通の場合だったら高い、高いところにあるであろうような、犯すべからざる尊いものが、自分の毎日味わえる世界になるという、この実際を現実にすることができるんだよ。

わかりましたか。

第四章
五官感覚を磨き上げ、自己肯定に徹して生きよ

昭和三十七年（一九六二年）二月
神戸

聞いてもわからないことでも、聞いてみたい現代人

きょうは「認識力とその養成」という、おそらくあなた方が今まで考えていなかった、心の消息について話します。

本題の前に、一つ。

というのは、私とあなた方とでは、いろいろな物事についての研究の方法があべこべになってます。

あなた方のほうは、一軒の建てあがった家の中にいきなり案内されて、そしてさてここに、あなた方がお座りになった畳《たたみ》は、どこの国でできた藺草《いぐさ》を織ったものですとか、この柱はどこの山の檜《ひのき》ですとか、できたものに対して、あれこれとその材料を説明されるというやり方なんです。

私のほうのは反対に、材料を自分でいろいろ方々から集めてきて、その集めてきた材料を、組織の一番の根本的なものとして、そしてあれこれ、これは柱、これは屋根、これは畳、これは襖《ふすま》というふうに工夫して一軒の家を建てた。

ですから、できあがった姿は同じでも、できあがるまでの経緯、順序というものがあべこべになってますから。

私の場合は、どんな場合があっても、自分がその材料を集めて、建てる苦心を払ってますから、断じてそれを忘れろたって忘れる気遣いはありませんけど、あなた方のは、建ちあがったも

のの中にもう無条件で入れられちゃってるんですから、別に柱がどうであろうと、畳がどうだろうと、屋根がどうであろうと、知っていなくたって、こうやって、この中でもって起き伏しできるじゃないかというような、こんな気持ちになる恐れがあるのであります。

だから、本来から言ったらこの研修科なんてものは、よほど研究心の深い人には必要な、値打ちのある参考になるかもしれませんけども、そうでない人には、これは聞かせる必要もない話じゃないかと思ってるんですが。

ただ、日本人はというとまた語弊《ごへい》がありますけれども、とにかく現代の文化民族は、とかく自分の理知と、求めているものとが一致してないことに気がつかないんですよ。変なことを言うようですが、聞かされてもわからないことでも、聞いてみたいという気持ちがあるんですな、現代の人間には。

それだもんですから、自分の理解のつかないことを、方法的に教わった場合、その教わった方法だけをやってりゃいいんですけれども、やりながらも、

「どういうわけでこの方法が効き目があるのかしら」

その「どういうわけで」というところに、現代人のこの理屈っぽい、訳《わけ》がわかろうとわかるまいとにかく、理屈っぽい説明を聞きたい気持ちが潜《ひそ》んでるんですな。

英語で言うと、Why、What。

これがまず、自分の訳のわからない場合に、自分の心の中にひらめきが起こる一つのセンスな

んです。

なまじ、なまなか知識がなきゃともかくも、たとえデコボコであろうと、野蛮人と違った理知が多少にでもありますためにでしょう。

知らなかったゲルマニウムのことを、知った後でどうするのか？

もっとも、聞いてもわからないことは、考えようともしません。

たとえばトランジスタラジオなんか見ても、

「これはどういうわけで、こんな小さな箱の中から声が出るんだろう」

なんていうときに、

「それはおまえあれだね、真空管《しんくうかん》の代わりにゲルマニウムてえものが、スペシャルエレメントでもって、今まで要《い》らないものだと思っていたゲルマニウムが、今度はちょっとした操作でもって、偉大な効果を発展するような可能率が、この中にあることがわかったんだよ」

と言ったって、わかりゃしませんわね。ゲルマニウムがわからないんだから、それから先、質問しませんよ。

ゲルマニウムを知っている者だというと、ゲルマニウムという特別の鉱石というものは、一体全体、どういう点にあってからに、どういう点からそれが発生したものだと質問がいきますけれども、ゲルマニウムというものを知らない者は、それから先の質問はないんですから。

質問がないんだから、わからないんだから、わからないことは聞かなきゃいいんだけれども。やっぱりなんとなく聞いてみたいというのが、現代人のこの気持ちの中にある、一面から考えりゃよくない癖で、一面から考えりゃいい癖だとも言えますけれども、いい癖のほうにしたかったらば、とことんまで研究すりゃいいんですけれども、いい癖にしたい気持ちで聞くんじゃないんですから。

ですから、研修科のほうでも、私の知れる限りをとことん説明いたしません。失礼ですが。それは私の知れる限りの説明を続けていったら、あなた方は研修科に来なくなっちまう。全然わからない世界に、ただもう何時間かをポヤーッと闇夜に盲人が豆粒探すような努力をする人はいませんからね。

だからできるだけ、このくらいの程度まではわかるだろうというところで、私の話を限界にして、そして研修科と名付けて、こういう講演会を開いております。

このお集まりがね、ただ今精神科学の専門の研究者だとか、あるいは基礎医学の知識ばかり持った人の集まりだというと、また説明はもっとずっと立体的に深くなっていくんですが、そういう説明になると、今度はあなた方が皆目《かいもく》わからなくなっちまいます。

何かわかったら、即、実行しなくてはダメ

昨年（昭和三十六年）の十一月でした。

十人ばかりの集まりでしたけども、東大の物理学教室の先生と、それから研究生だけが、東大のお池の脇の御殿で集まった。

それでエレメンタリーパーティクル（素粒子）に対する天風哲学の見地というのを、二時間ばかり話したんですが。

世界的に有名な学者で、三島徳七《とくしち》って博士が東京に、私の会員でいます。これは天風会の顧問になっている。文化勲章ももらったという採鉱冶金《さいこうやきん》のほうの大家だ。

その人が「拝聴できるかしらん」と言うから、「ああ、いらっしゃいませ」。

東大の名誉教授なんです。

来て二時間聞いて、何もわからなかった。

これはわからんはずです。採鉱冶金のほうには、エレメンタリーパーティクルという問題は全然関係のない学問だから。

だから、男が、女の体の中の模様を聞くのよりまだわかりゃしねえ。

何もわからない。

それで二時間の講演を終えてから、隣の生徒ですがね、学校の生徒に、三島大博士が、

「きょうの先生の話、わかったか？」

「はい、わかりました」

「えらいな、おれは何もわからない」

それはわからないはずですよ。まるで研究の学問が違うから。だからそういう講演は、そういう専門家だけを集めての講演で。できあがったものだけの形だけ見て、考えたときに、たとえばテレビ一つ見たからたって、まあ、あれ裏側を見ない限りにおいちゃ、ただの画面が平面的に出てきてからに、活動してるのを見ただけだというてえと、軽率に考える人は、映画と同じような状態に考えちまうでしょう。けれど、ボックスの裏へ回って見ると、あれを組み立てることを習ってる青年や、私たちのようにあれを研究している者は、すぐわかりますわ、この線は何で、この線は何で。けど、失礼ながら、全然研究しなかった人が見たら、あれはもうただの蜘蛛《くも》の巣が張ってあると同じようにしか感じないでしょう。それですよ。

だから、説く者のほうから見ると、つまり私の立場から見ると、非常に難しいのはね、こういうこのまちまちの知識層を相手に、この中には非常にずば抜けた研究をした人もあれば、てんからわからない人間も、わかってそうに見えててですよ、いるかもしれない。そういう者を相手に話すんですから、とっても難しいんです。難しいからといってやめちまうわけにいかないから。

ですから、わかったとこだけつかんでいただこうね。

そして、わかったとこでつかんでいただくというのは、つかんだらそれを実行に、すぐ振り向けなきゃ駄目よ。

「あ、わかった。あ、さようか。ふ〜ん」

てんじゃ駄目なんです。

「認識力の養成」とは、「眼鏡のレンズの曇りを取る」ようなこと

さて、そこで「認識力の養成」とは、何を目的として言われている言葉か。

これは一番早わかりをする説明は、刀《かたな》で言えば、鋭い刃をつけるために焼き刃をその刀に与えたと同じことなんです。ね。

刀の話じゃわからないかな。

現代の人間、刀なんてことに対しての知識は皆目ないから。

カメラで話そうか。

カメラは、ご承知のとおりレンズの射程《しゃてい》を鋭《するど》くし、広角度を十分に広げると、初めてレンズというものの性能が完全に発揮できますね。

それでもわからねえか。

眼鏡で話す。

どんな本人の目にぴったり合った度を、眼鏡屋がこしらえてくれてもだね、眼鏡が曇ってたら駄目だろう。

それと同じで、たとえ生きとし生けるすべての生物に、追随を許さない幽玄《ゆうげん》微妙《びみょう》な働きを行い

得る、われら心を与えられているとはいえ、その心の、要するに射程が完全に正確にならない限りは、心あっても心なきに等しい、になるんだ。

つまり「認識力の養成」というのは、レンズや眼鏡のレンズの曇りを取るのと同じだと思いなさい。

それが一番いい。

こう言うと、

「それなら何も、それ以上話を聞く必要はない。私の心は随分はっきりしてるよ」

とおっしゃるかもしれないが、どういたしまして。

はっきりしてからに、人生を生きているやつは、極めて少ないんですよ。

大抵うっかりしてるんだから。物覚えの悪いやつや、物忘れのあるやつ。世の中にはまた不思議な人間がいますよ。

「私はね、先生、覚えるのすぐ覚えちまう。ええ。その代わりすぐ忘れる」

何もなんねえ、これ。

こりゃもうずば抜けて覚えが速くて、ずば抜けて忘れちまうのが速いやつがいるんだが、それなら初めから覚えないほうがいいくらいなもんだ。面倒だから。

そうかと思うと今も言ったとおり、物覚えの悪いのを自慢にしやがって。

「私はね、どうもいえ、ほかのことならとにかく、そういうことだけはどうも物覚えが悪いんですから、もう一遍どうぞ」

なんてね。恥ずかしいこってさ。

認識力が養成されると、自分がどう変わってくるか

ところが認識力が養成されるようになると、ありがたいかな、そうした場合における心の性能というものが、呆《あき》れるほど自分でも、これが自分の心かと思うほど、シャープになるんですよ。

多く言うまでもなく、天風が心身統一法という一つの組織体系をつくりました目的は、生命の本質の現実化だとおわかりになったと思います。

何遍聞いていても、心身統一法の目的のターミナルが、生命の本質の現実化だということがわかってない人は、何十年聞いていた人でも、本当に聞いていた人とは言わせませんぜ。

生命の本質の現実化というのは、難しい難しい哲学的な言葉を使うと、霊性自我《れいせいじが》の自覚なんだよ。

だんだん難しくなっちまうだろうけどね。

やさしく言うと、本当の人間の値打ちというものを、完全に発現せしめるということ。

今まであなた方は人間の籍に人間として生まれたからこそ、区役所へ持ってって人間の戸籍を登録しているんです。

けれども、さて、人間として生きている姿に、確かに人間以外の姿はないかのごとくに見えて

いるけれども、厳粛《げんしゅく》に真理の上から立脚《りっきゃく》して判断すると、あにはからんや、姿だけは人間であるけれども、本当に人間の値打ちを発揮して生きているという人は、極めて少ないんであります。

つまり、心身を統一しないで生きている人間に、本当の人間の生命の価値は発揮できない、ね。

だから、その生命価値の発揮、いわゆる生命の本質の現実化というものを、本当に確実な状態にするために、心身の統一という組織体系が諸君に教えられている。

もちろんそれはもう既に実行されているとは思うけれども。

そうすると、初めて自分自身が直感的にわかることは、

「ああ、よくぞ人間の世界に生まれ出でたるものかな。こんなにも、こんなにも人間というものは、精神的にも肉体的にも、優秀なものか」

ということがわかるからであります。

そして同時に、天風会員になる前の自分と、なってから後の自分とを比較すると、天風会員になったことに対する、本当に幸福を感じないではいられないと思うが、いかがです。

入る前も、入ってからも、きょうも、たいしたところにディスタンスがなく、せっかく先生、一生懸命そこでもって入った会員の幸福を礼賛《らいさん》されているけれども、自分にゃ大して先生が言うほどありがたかねえと思っているような人は、結局やってないからなんだ。

やったら、どんな人でも必ず、生命本質の現実化というのが目的でもって組み立てられた方法

なんだから、もう必ずそこに、自分で、これが私かいなと思うほど、驚くべき変化と向上が来ているに違いない。

「どう身を立てて、どう死ぬか」考えた、天風少年

人間が、どういうわけでもって、研《と》ぎ上げれば研ぎ上げるほど、驚くべき優秀なものが精神生命の中にも、また肉体生命の中にもあるかというと、それは人間の使命が造物主の目的とする、進化向上に順応《じゅんのう》せんがために生まれ出たからであります。

私なんかね、自分のことを申し上げるのに、いいほうだけ申し上げるときには得意になって言いたいけれども、マイナスのほうを申し上げるのは申し上げにくいけれども、私ぐらい、学生時代、学問嫌いの人間はなかったんです。

なんであんなに学問が嫌いだったかと思うけれども、自分でもそれはいろんな理屈があるんですがね。

学校の先生てえものが、どうもこの、頭を下げて教えを乞《こ》うだけの値打ちのある、いわゆる人格の高い人間が担当にいなかったことが、一つの理由かもしれないな。

手前味噌ですよ、無論。私一人の屁理屈ですから。

学校の先生なんていったって、おれと五年か十年ぐらいしか違いがねえんじゃねえか。それも大してえれえ人間じゃない。

そのえれえ人間じゃなしということを、頭から考えた一番の原因はね、私の家にね、私の遠い親類でありましたけれども、その時分の帝大の学生が一人いたんです。私がようやく中学に入る頃。

これが今で言やアルバイトだな。その時分には、高級の学校の数が少なかった関係か、従って先生の数も払底《ふってい》してたんで、その帝大の学生が、アルバイトで中学の先生に臨時雇いで、一時間いくらで行くんですよ。

その帝大の学生だった、中学の先生をしていたうちの遠縁《とおえん》のやつがね、その日に教えることを、その日に大学から帰ってきて、夜学部に出てる人で、夜学部の先生だったんだけど、夕方から自分の受け持ちが七時というてえと、夕飯食ってからに急いで、今夜教えるところだけを、一生懸命付け焼き刃でしょうね、あっちの参考書、こっちの参考書調べてからに、そしてその晩の教壇に立ってる。

それを毎日見せられてるでしょう。

そんな教え方する先生のところへ行って、一生懸命聞くなんて、くだらねえこったと。

それは一つの屁理屈なんだ。

ほんとは学問が嫌いなんだ。

それはもう小説読んでるてえと、二日でも三日でも夜通ししてて、眠くならねえのに、教科書ってやつは開くと同時にもう、二、三分にして催眠作用が起こってくるんでねえ。

それでもう決めちゃったの。

おれって人間は、学問が性《しょう》に合わねえ人間だと。

だから学問でおれは身を立てるのはよそうと。

まだ今みたいな、学問本位の教育を施《ほどこ》している時代じゃないんですから。明治の初年期はね。

そしてそのうちに、いとこが肺病で死ぬときに、その枕元でもって、別に死に水とりに行ったわけじゃないけれども、私が行った日に死んじまいやがったんだから。私と同じ年なの、十六でね。

いとこが肺病で死ぬ有様《ありさま》をじっと見てて、

「人間、だれでもが一遍死なきゃなんねえんだけども、こういう病《やまい》で死ぬなんてえのは、こんな惨《みじ》めなことはねえな」

と思ってね。

どうせ死なきゃならねえんならもう、これは瓦《かわら》となって全《まった》からんよりは、玉となって砕けよだよ。

なんかこう、素晴らしい死に方はねえかしら。

十六ぐらいから、ませてたんだね、もう。

それでもう、ワッと死んじまうようなことねえかしらんと。

「そうだ、これはあれだな、病気になって死ぬよりは、爆裂弾かなんかでもって、バーンって死んじまうのが一番景気がいいや」

とこう思ったんで、もうその時分から。まだ軍事探偵なんてことは頭の上にはなかったんだけども。

相手をにらみ返して軍事探偵のスカウトに合格

そういう気持ちが出ると間もなく、支那《しな》と日本の戦い、明治二十七、二十八年の日清戦争《にっしんせんそう》。そこへ軍事探偵の本職である、河野金吉《こうのきんきち》先生が、

「九連城《くれんじょう》と錦州城《きんしゅうじょう》を内偵しに行くのに、ボーイを一人連れていきたいが、カバン持ちの。命知らずで暴れん坊のボーイがいないかしらん」

って、そういうのを、別にそれは問屋のようにはしていないけれども、問屋のように思われていた、九州の玄洋社《げんようしゃ》に、人探しに来られた。（天風は修猷館《しゅうゆうかん》中学を退学処分になり、政治結社「玄洋社」を率いる頭山満《とうやまみつる》に書生として預けられた）

「どうだろう、今度は錦州城と九連城を偵察に行くんだけど、命知らずでもって、おれのカバン持ちをしてくれるような暴れん坊、いねえかしらん」

学問のあるやつはいないかしらんと来たら、私は候補者に挙げられなかったに違いないんです。暴れん坊いやしないかっていうときに、ハッと頭山先生の頭の中にひらめいたのが、私なんです。

「よかやつが一人おるばい」

「どげなやつかい」

「会わっしょうか、つんのってこい」

っていうんでもって、呼ばれたわけ。

博多の言葉のわかる人はわかるだろ。

それから、私呼ばれてから行ったんや。

そしたら両方とも大きな男で、河野金吉さんも六尺豊か、頭山先生もご承知のとおり六尺豊か。両方とも若いときですからね、鋭気溌剌《えいきはつらつ》たる人だった。

それが二人でもって盛んに何か、もちろんそれは国家に関する話でしょう。用があるっていうから行ったところが、私に口を利《き》かねえんだから。

もちろん最初は障子《しょうじ》越しに手をついて、

「お召しでございましたか」

「うん」

って言ったきり、何も言わねえんだ。

それから五分間ばかり黙ってたけど、

「御用はなんでございましょうか」

とこう言ったんや。

そしたら頭山さんが、差し向かいの、こんなヒゲを生やかした、目のギョロッとした男だったが、

「こんやつじゃが、どげじゃろか」

と言った。

そしたらその人が私をグッとにらんだんや。

にらみやがったから、こんちくしょうと思って私も、ムッとにらんだよ。

そしたら、

「よかばい、こんやつあ」

とこう言う。そしたら頭山さんが、

「よかなら、つんどってはちけえ」

「はちこう」

ってこれで連れていかれたんや。

もちろん行くときに、こう言われた。

「こりゃ、人を殺しても懲役《ちようえき》に行かず、けんかしても警察もないとこがある。どげんじゃ、行くかい」

って言うから、

「そんなとこがあるんですか」

「あるんじゃい」

「行きましょう」

「行け」

これで、軍事探偵。

それで船の中で、河野金吉先生が、

「おまえ、おれとつんのって行く先、どげなとこか知っちょるかい」

「けんかしていいところでしょう」

「まあ、ちょっとそれに似ちゃおるがな。実はこれこれ、しかじかで、万が一にも今度は日本に帰るときは、桐の箱の中へ入って、骨になって帰らなきゃならんかもしれんが、それは覚悟してもらいたいな。それが嫌ならな、この船、天津《てんしん》に着くで、着いたら次の便で日本へ帰れ」

「いや、まだ嫌だとは言っちゃいないじゃありませんか」

「嫌ならばと言うんだ」

「『ならば』というのは、嫌だと思う人間に言う質問です。なんのために私をここへ連れてきたかということをあんた考えたら、そんなことを言うなんてことは、私を子どもだと思って侮辱するのか」

「なかなかやるな、貴様。よか。そんならよか」

と言って、それから。

で、屁理屈はなかなか言う男だった、これが。

それで今でも五尺四寸かありませんから、その時分にはもっと細《こま》かかったんだが、細かいけれど、屁理屈言って物怖《ものお》じしないものですから、頭山先生がいつでも人に紹介するときに、「こんやつぁ、それはなりは細かばってんが、しいだまは電信柱のごとく太かやつたい」と。「しいだま」っていうのは肝っ玉ってことなんです、福岡では。そうしちゃ自慢されていたんですが。

ことほどさようにもうねえ、学問大嫌い。スパッとたたき切って血煙《ちけむり》上げて倒れてるのをぐっと見てるのが好きだった男なんですから。

一種の変態、性欲じゃありませんよ。変態性格なんです。

現代の精神分析学からいくてえと、一種の精神病患者なんです。一種の精神病患者ですから、これでも精神病院連れていきゃ、立派に患者として入院する資格はあったんだ、その時分に。

けんかしてもですね「なにを！」なんて言わないんですから、私のは。

人が「なにを！」と言ってる間に、こっちはいきなり行ってからに、向こうの耳たぶを取っちまうか、指を折っちまうか。

なりが細かいんですから、早く機先を制して、勝利の鍵を握らないてえと、立ち後れがきますから。

そういう男なんですから、だれも相手にしないんですよ、ぼくを。

「豹《ひょう》」ってあだ名がついてたの。こんなやさしい、いい男が「豹」。

磨くほど、研ぐほど、なぜ人間は優れてゆくのか

その学問嫌いの私がだ、自分でも実際不思議ですよ、英語もドイツ語もフランス語もねえ、イタリー語もロシア語もわかる幸福を今味わってますが、いつとはなしにそれがわかるような人間になっちゃったんや。

それは結局、むさぼるような気持ちで、人生というものを研究し出すてえと、いきおい、やむにやまれずそうした方面の学問をしなきゃならない。

そうするとその学問をするのに、言葉が要る。その言葉をどうしてもまず先に覚えなきゃならないという、必要に迫られる、necessary（必要）がsuccess（成功）の元だというのはほんとですよ。ねえ。

つまり、結局要するに、そういう現実の結果から言っても、人間てえものはね、犬や猫じゃ、これはできないことなんです。

人間なりゃこそ、知らざる間にすーっと自分というものの人格の拡張が進化し、向上しちゃってるんですな。

ありがたいじゃないか、それはあにあえて天風のみならず、あなた方だってそうだぜ。

そこでもう一つ考えてみよう。

どういうわけで人間だけ、そういうありがたい、磨けば磨くほど、研げば研ぐほど、こりゃ自分でもびっくりするほど、自分というもののすべてが、優れたものになるようにできてるのか。

それは率直に結果からいくてえと、命を本当に役立つように使うためなんだ。ね。

つまり、われわれがこの現象界にこうやって尊《とうと》く、万物の霊長として生かされている所以《ゆえん》のものは、この命を正しく使っていくためなんだ。

ところがあなた方の概《おおむ》ね多くは、何かこう、働いたり、あるいは働くためにこの体を使っていたり、この心を使うのは、生きるためだとこう思ってたでしょう。

いや、大抵の人はそうですぜ。

もっとひどい人になるてえと、もっと第二義的なことを平気で、人間であるにもかかわらず言ってる人があるな。

「ようお働きになりますな。いえ、もうねえ近所でも感心してるんです、あなたには。もう町内で一番あなたが早起きで、また一番遅く寝て、いつもこう話してるんですがね、人の五人前はあんた働くだろうっていうんで。いやまあ、足下にもつけませんが、ほんとに感心しますよ。まあねえ、生まれつきにもよるんでしょうけれども、ようお働きになるわ」「いや、別にお褒めにあずかって痛み入るけれども、私だって何もこんなに働きたかないんですがね。働かなきゃ食えねえでしょう」ってこう言うんだ。

これを聞かされると、聞かされたほうも別にそれが間違っているとは思わないで、

「いや、そうです。もうなにしろ世の中世知辛《せちがら》くなりましてな。油断も隙もできませんので、マスコミてえのはねえ、ええ、もう。ちょいとでも油断してますとねえ、食い損ないますので、いやもう、ご同様であります。いやいやながらも働かなきゃねえ、食えませんからなあ」と。

この人たちはこの世の中に、食うために出てきたんだね。それでそれが少しも間違っていないと思ってる。これは結局要するに、人生に対する考え方の本末転倒というのが原因している。

食うために生きているんじゃない、生きるために食うんだ

もう、いつも折あるごとに言ってるんだが、本当にこの人生に関する考え方に、本末転倒が本末転倒だと気づかれないてえと、いつまでいっても本末転倒というのが訂正されないから、結局その人間の考え方というのは間違いだらけで終わるべく余儀なくされるんだよ。

本末転倒というのは、わかりやすく言うてえと、おしりを頭だと考える考え方。そして頭を反対におしりだと考える考え方。

こう言うと、

「アホ言うな。われわれはふぬけな低脳じゃあるまいし、おまえの目から見りゃ、それはまあねえ、人生に関しては知識が足らない人間だと言われてもしょうがないかもしれないけども、まさかなんぼなんだっておまえ、しりを頭だと考えて、頭をしりだと考えるかいな」

と、みんなそう思ってるでしょう。そのみんなそう思っているところに、誤りがあるんだ。

あなた方、果たしておしりを頭だと考え、頭とおしりとを間違えているかいないかは、簡単なことを質問すると、すぐその人の間違いか、間違いでないかわかりますがね。

私が今、こういうことを言ったら、あなた方、どう思うかな。

医者が、お医者さんだね、医者が人の病を治すことをもって、その本来の目的としている限り、それは本当の医者でないと。

もう一遍言う。

言い損ないじゃないんですから、暗唱しなさい。

何十年言ってる言葉が、そのときによって変わりゃしないもの。

わかりやすい言葉で言うんなら、お医者さんがな、病人の病を治すことだけがお医者さんのお仕事の目的や思うてる限り、そのお医者はほんとの医者じゃあらへんわ、ってんねん。

わかったたか。

そのときにもしも、その言葉聞きながら、

「ふーん、おかしなこと聞くな。なんだって？　医者が病人を治すことをもって、その仕事の目的としている限りは、その人はほんまの医者じゃあれへん、て今言うたな、あの男。

すると、だれが病を治すねん。病治すためにいる医者が、病を治すことを目的としたらほんとの医者じゃない言うんなら、一体なんなんや、そりゃ。

ええ？　そういうふうな考え方してるものが本末転倒言うんなら、おまえのほうがよっぽど本末転倒やないか」

てな顔をして、私の顔を見てりゃせんか。

これ、医者で言うからわからんねん。

坊さんで言や、すぐわかってくるわ。

坊さんは、お布施もらって経《きょう》読んで、死んだ人に引導《いんどう》を渡して、さらにまた亡くなった、故人の追善法要を営むことが、坊さんのお仕事の目的ですか。

そう思ってるものはねえだろう。

そう思ってるのは坊主だけだ。

本来の面目《めんもく》は、坊さんの本当のお仕事の目的はね、坊さんが多年にわたって修行した宗教の本意を、広く迷える人々によく説法、布教して、その人々を安心立命《あんしんりつめい》の大境涯《だいきょうがい》に導き入れる。

これが坊さんの本当のお仕事の目的です。

お布施もらって経を読んで、お布施の多寡《たか》によって経の節のつけ方を違えるなんてえのは、そりゃ坊さんの従《じゅう》たる仕事の、要するに副なるものなんだ。additional なものなんだ。

医者、またしかり。

人の病を治すのは、医者の本来の仕事の目的でない。

そりゃ医者というものの additional occupation（副的な仕事）。

しからば医者の仕事の本当の目的はと言うと、人類のすべてをして、病にかからざらしめん研究をなす。

これが、誠に尊ぶべきかな、お医者さんの仕事の本来の目的。

けれどもこの本来の目的のとおりのお医者さんだというと、おまんま食えなくなっちまう。ね。お医者の「鼻の下の空安寺《くうあんじ》」の建立《こんりゅう》ができなくなる。

「かからざら、ざら、ざら」なんて言ったんじゃね。

なるべくかかるものが多いことほどさように、お医者の薬代は、収入が多く、懐《ふところ》に入ってくるってわけだ。どんな物好きだって、医者が開業した、町内に病人がないけれども、せっかく開業したんだから、気の毒だから、病気でねえけども、行って薬代だけ払ってこようってやつはいねえだろう。

わかる？　私の言ったこと。

これをわからない人間じゃ駄目だぜ。

だから食うために生きているように思っているやつは、結局要するにだね、ものの考え方があべこべだ。

生きるために食うんだ。

その生きるのは何のためかと言ったら、命を使うためなんだ。

それをみんなあべこべに考えちゃってからに、生きるために余儀ないから、命を使って、そしてそれでもって食っていこうってんだ。

全然それはもう、しりを頭だと考え、頭をしりと考えてるから、どうしたってほんとの満足の理想というような人生というのはそこに生まれちゃこない。

とにかく、使うために、この命が生かされている以上、この使うという目的を完全にするためには、何をおいても一切の全体生命の根本要素を成すところの、精神生命の性能というものを、優秀化しなきゃね。

そうするのには、認識力を完全に養成しなきゃ駄目なんだ。

五官の持っている「勘の力」を呼び覚ませ

さあ、そこでそれじゃ、認識力を養成するには、どうすりゃいいかと言うと、三つの条件が必要とされるのであります。

第一が官能の啓発。

第二が精神内容の浄化。

第三は、神経生活機能の促進。

第二と第三は、きのうとおとといで詳しく聞いてるね。

精神内容の浄化。Internal cleanness of mind は、あの「観念要素の更改」ということが、結局その目的のために組み立てられた方法。

それから神経生活機能の促進は、「神経反射作用の調節」。Regulation for the nerves reflection。

これもきのう聞いたね。

「官能の啓発」ということは、心身統一法の正科の組織の中にありません。
「官能の啓発」というのは、言葉としちゃ難しいが、俗語で言うとすぐわかる。
「あの人間、勘がいいわな」
「ほんまや、あれ。勘のいい人間や」
って、あの勘や。

勘のいい悪いというのは、官能が啓発されているか、啓発されていないかの、要するに状態に対する名称なんです。

つまり、勘が優れていればいるほど、精神生命の可能率、mental ability というものが非常に優秀化してくる。

勘が鈍いやつは駄目で、勘というものは実に微妙なもので、三味線でも琴でもバイオリンでも、なんでも楽器の調子の違うということがすぐわかるのは、あれは勘ですわね。チューンには標準がないはず。標準のないチューンを、ただ勘で聞き分けるだけなんだ。ね。

そこでこの、勘を優秀化するためには、何をおいても必要なことは、五官の感覚機能を正確にすることを心がけなきゃいけないんだ。

だれでもが、ひととおり使って不自由を感じない、五官感覚を持っている人はですよ、特別にこれを正確にしなきゃいけないと気がつかないんです。目も相当な目を持ち、耳も相当の耳を持ち、鼻も相当の鼻を持ち、舌も相当の機能を持ち、体の肌に触る感覚も、正当であるという場合には、別にこれを特別な状態で正確にする必要がないかのごとく感じて、ありのままで、生まれたままで、それでもって結構いいわというふうにして生きていく。

するてえと、知らざる間に、勘が鈍くなる。

これは研ぎ上げりゃ研ぎ上げるほど、五官の感覚の持っている、今言った勘の力というものは、それは実際、驚くほど優秀化してくる。

私はよく、お腹《なか》の大きい人が、「先生、この子は男やろか、女やろか」って聞くてえと「はい、男」とか「女」とか即座に答えるでしょう。別にぶっくる返してひっくり返して、腹の上乗っかって探ったみたいになんか、しやしないでしょう。

あれはもう、簡単な勘の力です。

勘の力というのは、結局それをインスピレーションとも霊感とも言うけども、ただそう感じるから言うだけなんだ。

考えて言ったことはありゃしない。「男」と言えば不思議と男が生まれるんだもの。

そうするとこの、言われた、当てられたほうは、

「ああ、先生が先生の念力で男にしちゃった」

とこう思うけれども、そう思われても構わねえけども、私が直接その人の腹の上に乗っかったんならともかく、そうでないのをだね、ただ、パッと一目見ただけで、念力がいって、腹の中じゃ男の子ができてるのを、私が「女だろう」と言ったら、出るときゃ女になっちゃう、そんなとんちきな世界って、あるもんじゃないですよ。

とにかくそう感じるから、感じるために言うだけなんです。

「この株、上がりますやろか」

「下がるよ」

と言うと、下がる。

だから自分でただ不思議。

だから私は、ものを邪推《じゃすい》したり、いい加減な考え方をしもしませんし、できもしません。

ただ自分の思うことが、ぴしん、ぴしんと当たるだけのことを、自分で知ってますから、従って人のことを憎みもできないわけです。

「あんちくしょう、憎いな」と思うてえと、すぐその憎まれた人間に、必ず病が起こるか、運命が悪くなる。

ですからどんな人間に対しても、私は平等な愛情でもって接しているわけなんです。

今はもう平気で、そういうふうな気持ちになってるんですけども、これを始めたては、ですから私はよく会員に頼んだものです。

「あのなあ、頼むからおれにね、嫌な思いをさせるなよ、おい。おれに嫌な思いをさせるてえとね、別におまえに恨みも何もねえんだけどもよ、おまえに嫌な思いをひょいとすると、おまえがその健康なり運命を悪くするから、頼むからおれに悪い思いをさせないでくれ」

と昔は頼んだもん。

その時分にはまだそれは、今から四十年も前、十分に自分の心を自分でサッサッとこう、コントロールすることができなかった時代です。

今はもうねえ、なんともそんなこと頼まなくたって、何者をも憎まざる心が私の心の中に出てきておりますからいいけれども。

五官感覚は、その人の観念や思想の根本となる

まあ、余事はさておき、人類は、五官という特殊の関門を通じて、人間の外界の一切の事柄を、自分の心に受け入れているわけであります。

そうでしょう。

だから、万が万一、この五官の関門というものに、不完全な状態ができたならば、原因、事情はとにかくとして、耳がよう聞こえなくなったり、目がよう見えなくなったり、鼻がようかがなくなったり、舌がしびれてきたり、ましていわんや、肌に感じる感覚なんかがね、でこぼこにな

ったりしたらばです、完全に外界の消息を自分の心の中に受け入れることができなくなるのは当然であります。

すると、認識力、めっちゃめちゃや。めっちゃめちゃですよ。完全に働かなくなるんだ、認識力が。

だから、こういう簡単な点だけを考えてみても、人間は何をおいてもまず第一番に、この五官感覚という機関作用を、完全にすることを心がけることが、人生に生きる準備としては最も必要なことだということが気がつくでしょう。ねえ。

何もなくこの世に生まれたことを考えてごらんよ。そうするとすぐわかるから。

目もなきゃ、鼻もなきゃ、耳もなきゃ、舌もなきゃ、肌もないと。

いかに幽玄微妙《ゆうげんびみょう》な働きを行う心が与えられていても、それはただ、そういう力がある心を持っているというだけでもって、少しもそれが現実の世界に働き出さないんだから。さながら空々《くうくう》寂々《じゃくじゃく》一介の草木ただならずだ。

ところがね、ある一派の哲学者は、高級な観念や、あるいはまた非常に階級の高い理性心というようなもの、それから霊感のごときは、みんなこの感覚機関になんらの関係なく出てくるものだから、感覚機関なんてものはもう、第二のもんだってなふうに、軽く考えている哲学者もあるんですよ。

しかしこれは、大変な間違いだと、私は遠慮なく言うんだ。

なぜかというと、われわれの心の中に生ずる、いろいろな考え方てえものはね、それは観念だろうと思想であろうと、もうほとんど全部はと言っても言い過ぎでないほど、みんなかつて、この自分の生命の外にあった、いわゆる外界に存在していた事柄の中から、五官感覚が受け入れ口になって、そいつを自分の心の中に採り入れたものが、すべての材料になっている。

受け入れなかったものは、われわれの観念や思想の根本を成さない。

何も知らないことは、だから考えられないでしょう、あなた方。

何も知らないことを考えるやつは哲人だよ、それこそ。

一遍も自分が勉強もしなかった、学問もしなかったことを、ふっと何か考えつく人間があったら、その人間は天風会員になるんでなくて、天風先生になっていい人なんだ。ねえ。

何か、かつて教わったことなり研究したことが材料になって、それが自分の心の中でさまざまな格好にダイジェスト（要約）されたり、あるいはエンラージメント（拡大）を受けて、それがある思想となり、あるいはあるインベンション（発明）となるんでしょう。

感じればこそ、思い考える

だから感覚機関が、人間にないとしたら、外界の印象を何も心に受け入れられないんだから、さっきも言ったとおり、心はあってもなきに等しいことになる。

空々寂々一介の草木とただならず。

実際ですよ、煌々《こうこう》として三千世界《さんぜんせかい》を隈《くま》なく照らす月を見ても、欄干《らんかん》として（月や星が鮮やかに光るさま）空いっぱいにきらめく星を見ても、溶け入るように美しく見えるところの花を見たって、何も感じねえんだ。

感じればこそ、思い考えるのに、何も感じなかったら、それはもう、たとえばここに、非常にきれいな別嬪《べっぴん》を立ててからに、こいつを振り向けてみたって、「いい女だね」なんて言いやしない、これ。ね。

という点を考えただけでも、普段はあまり大切そうにも考えていない、ねえ、五官感覚というものが、いかに人間に対して重大なことかすぐわかるだろう。

ちょうど肉体を生かすのに、必要とするその滋養物はみんな口から摂《と》り入れる。栄養はね。それと同じように、精神生命というものを生かすために必要な栄養は、外界に存在する事物、事象で、これを受け入れる口は、精神生命のほうだけは、多くあるわけだ。五つも。

外界から五官の感覚が正直に受け入れたものを、実在意識が一遍これを潜在意識に「こんなものが入ってきたよ」という。

と、潜在意識のほうは、

「よっしゃい、おれのほうにはそいつをうまくきれいにする、てにをはつけるものがあるよ」てんで、そいつが順々にあれしてからに、そこに観念、思想ができあがると、こういうわけだ。

だから肉体を発育させる栄養物と同じものは、外界に存在する事物、事象よ。それが精神生命の内容を発育せしめる栄養となるべきものなんだ。

だから今も言ったとおり、口はまず第一番に、これを食っていいか悪いかって、吟味しなきゃね、どんなあわて者だって、腹のへってるときに、砂利《じゃり》をいきなり食うやつはいやしねえね。

われわれの五官感覚機関が、精神生命の口になるんだから。

不用意に、外界に存在するものを目で見たからって、すぐ自分の心に受け入れ、耳で聞いたからってすぐ、なんの分別《ふんべつ》もなく、めちゃめちゃに入れるてえと、その結果は、肉体になんでも構わず食い物なら入れちまえってんで入れたと同じような結果が来る。

それより以上の恐ろしいこった。精神内容は常に乱雑不純潔になって、従って心の力も働きも、その程度はグッと低下しちまうと、怒らずともいいこと怒ったり、泣かずにいいこと泣いたり、悲しまずにいいこと悲しんで、三勿三行《さんこつさんぎょう》（怒らず怖れず悲しまず、のこと）どころじゃありゃしないよ。

柳生但馬守に見る、散らない心の例

だからこういう点から考えて、要するに観念を始終《しじゅう》積極的で、人生に颯爽溌剌《さっそうはつらつ》として生きていきたいという希望を持つ者は、何をおいてもこの感覚機関を、始終正当に働き得るように、訓練しなきゃいけないよ。

その訓練が、心を使うときに役に立つ。

決して心を散らさないで、はっきりまとめてお使いなさいよと言ったろう。

「はっきりまとめてお使いなさい」で、わかった人は結構だけど、

「はっきりまとめて使う、というようなことは、今さら注意されんでも、私はしてるわ」

というような人がいるんですよ。

けど、あなた方がはっきりまとめて使っているように思っている場合の使い方は、本当ははっきりまとまって使ってないんだよ。

本当にはっきりした、散らない心、まとまった心というのは、己に立ち返っている心なんです。

己に立ち返っている心を持っている場合には、それはもう実に八面玲瓏《はちめんれいろう》、磨ける鏡のごとく、レンズの表にいささかの曇りもないから、見るもの、聞くもの、すべてがもう、明瞭《めいりょう》に潜在意識の中に受け入れられます。

そうすると、その考え方の中に間違いが起こらずに済む。

昔の武士が、剣道の極意、あるいは武術の極意としたのは、みんなこれなんだ。

技《わざ》じゃないんだ。

技に重きを置いてからに、技がいかに優れていても、心これに伴わざるところの技というものは、これは「匹夫《ひっぷ》の勇《ゆう》」として蔑《さげす》んだものだ。

心を練るということが、武術の一番の真髄。

『週刊朝日』なんかに書いてある、いろいろのこの世話物（江戸市井《しせい》の生活を扱った物語）を読むときに、若い人たちは、わかって読んでますか？

剣気を感じるとか、殺気を感じるとかという、これは勘が優れた人間のみが感じ得る勘なんだ。

勘てえものはね、昔の人のほうが強かったと言っていいかもしれない。

というのは、昔の人間は、身をもって身を守らなきゃならなかったから。ね。

だから従ってそれは、自然とこの五官感覚を、だれに教わらなくてもだな、研ぎ上げるということが、自然、心がけになった日常が繰り返されていた。

同じですから、武術を錬磨《れんま》する場合においても、ただ勝負に勝てばいいというだけじゃない。

一撃打ち損じれば自分の命がなくなるという、その大きな事実を、頭の中に描きながら稽古してたから、稽古の状態も真剣です。

柳生但馬守《やぎゅうたじまのかみ》がある日、小姓《こしょう》を連れて、庭をそぞろ歩きしているとき、ふっとこう、築山《つきやま》の陰の池に架けた橋を渡ろうとすると、ふっと殺気を感じた。

「はて、おかしいな。他人の屋敷内ならともかくも、身供《みども》が住まっているこの屋敷内に、しかも天下のご指南番であるこの但馬守に、殺気を感じせしめるようなあやしき者の忍び入るはずもないのに」

元来、柳生家というのが、もう既にあれは、昔の忍者の家元なんです。

現代の言葉で言うと、スパイの家元なんですから。スパイはスパイの心を知る。

ですから、はてあやしやなと、ひょいとすると、この橋の下にでも我《われ》を刺さんとする者がいやせずやと思って、用心深く橋の下を見たけれども、さてあやしき者もいない。

「はて、気の迷いかな」

とまた一歩踏み出そうとすると、ふっと殺気を感じる。

「はてな、不思議なるかな」と思って、思わず後ろを振り返ると、後ろから太刀《たち》を持っていた小姓が、やにわにそこに土下座をして、

「恐れ入りました」と言うから、

「なんじゃい」と言ったら、

「包み隠さず申し上げますが、お叱りを受けるのは覚悟の上。

実はきょうお供をしまして、お後からついてまいりますときに、ふと私の心の中に、お手を取って竹刀《しない》一本で禄一万石の大名格である大先生も、朝から晩まで心に隙がないとは思えない。

かように心のどかにお庭内をそぞろ歩きの折りには、身も魂もゆったりとおくつろぎのときと心得まして、かようなときならば、たとい一本でも打ち込みが叶いやしないかと存じまして、ちょうどこの反《そ》り橋をお渡りのとき、だれでもが細い橋を渡ろうとするときは、足下に注意をいたします。

足下に気を取られたらば、恐れながら一本頂戴しようと、その隙を狙っているのですが、打ち込もうと思うと、ハッとお立ち返りのご様子が見えるので、何遍も躊躇《ちゅうちょ》している間に、とうとうお見破りを被《こうむ》りまして、申し訳ございません」

「なんだ、そちか。

いや、危ないとこじゃった。

そちなら殺しはすまいけれども、弟子に打たれたんじゃちょっとのう。世間体《せけんてい》も悪い。

いや、さようか。

普段の常日頃の、わしの心がけが、やっぱりこういうときも役に立ったで。

そちとても、たとえいかなる場合があっても、心を緩《ゆる》めまいぞ」

と教えた教えを、本（中村天風著『研心抄』）に書いておきましたね。

人間は特に触覚が優れている

これが現代人は幸か不幸か、そこまで五官の感覚を研ぎ上げなくても生きていかれるという、幸福の一面から考えりゃ多い文化時代に生きてますもんですから、ついその、慣れっこになったというわけじゃなかろうけれども、かてて加えて、この生活のすべての状態がオートマチックになってますもんですから、あんまり五官感覚を使わずに生きていかれる場合のほうが多いもんだから、鈍っちゃってるんですよ。

つまり勘の力の鈍りだな。

それが自然とこの、いざというときに働かなくなっちまってる。

これは非常に惜しいことなんだ。

やがてまた夏の楽しい、あの修練会。

この修練会にあなた方の、主としてこういう方面の力をぐんぐん掘り出してあげるという計画をやってますけど、十日間の間にも、十日たたない間に、早い人になると五日目ぐらいから、自分の後ろに、あるいは前に人が来ると、この人がどんなことを思ってるかというのがわかるようになってくるでしょう。

修練会に来ない人は「そんなことが」と思うような顔をして、私の顔を見てるが、できないことは決してここから申し上げてないから、安心して聞いてなさい。

うそだと思ったら帰りがけにね、修練会した人に聞くんだよ。

「ほんまかいな、あんなこと言ってるが。先生」

「ええ、五日目ぐらいだよ」

「もう、私は三日目ぐらいからわかった」なんてきっと言うから。

それはわかるような方法を教えるんだから、わかるがな。

このまんまじゃわかりゃしませんがな。

このままじゃ、噛んで含めて、含めて噛んで、もう形のないほど細かく割って説明しても、

「なあ、わかったか」
「わからねえ」
「どこがわからねえんだ、始めかい？」
「いや、始めもわかんねえけども」
「じゃ、中程か」
「中程もわかんねえ」
「じゃ終わりかい？」
「終わりも」

めっちゃめちゃみんなわからねえ。

それが何にも言わないで「ははあ、この人はこんなこと考えてるな」とわかるようになるような、心理学的に言うと第一義的の洞察力というのが、心の中に表れる。

これを名付けてテレパシーと、こう言うんだ英語で。

そういう優れたものが、人間の五官感覚に与えられてある。

特にこの触覚感覚。

これはもう人間の触覚感覚が、一番高等動物ですから、一番優れてるんで。

あなた方はね、どんな動物にでも人間と同じようなこの、触ったら感覚があると思ってるだろうけれども、脊椎《せきつい》動物はみんなちょぃいと考えると同じような感覚を持っているように感じられる感覚があるんですが、それでも人間と、同じ脊椎動物である犬や猫とは、どっちがっていうと人間のほうなんです。

この触覚だけは。

触覚以外の感覚は、人間以外の動物のほうが優秀な場合があります。

特にこの鼻の感覚のごときは、犬や猫や野獣のほうがね。

よく何も見えないのに、犬がキャンキャン吠えてからに、小言を言って、あとから気がついたら小言を言ったほうが間違いだということがよくあるでしょう。

「何もいやしねえのに吠えやがって、うるせえっ、ちきしょうめ。すぐキャンキャン吠えやがって」

なんて怒ってからに、さて出かけようとするときに、

「あれっ、靴がねえ。はっ、さっき泥棒が来て靴持っていくの、犬が知ってたんだな」

間に合わんがな、そんなの。

けれども、触覚のほうだけはね。あなた方の触覚はどうか知らんけど、修練会をやると、目をつぶって、ひょいとこう手に乗っけただけで、これは赤い色か黄色か白かということが、手の先に触っただけでわかる。

もっと勘の早いやつになるてえと、さっと持っただけでわかるというふうになる。

これは犬や猫じゃわかりません。

さっき言った、殺気を感じるとか、「おかしいな?」というのは、結局要するに、この肌に触らない間に、空間を通じてくるところの、この向こうの念波。

心の中にある、その念波の波動が、触覚に感じたからだ。

俳優・島田正吾が泥棒に気づいたときの話

だからあんた、だれも人のいない部屋だけれど、今までだれか話をしていた部屋へあとから入っていくと、だれか人がいたように感じましょう。

また、自分一人で座っているときに、こっちの心が静まっているときはというと、たとえ忍び足で入ってきても、だれかが入ってきたということを感じますわね。

ぼんくらになるてえと、家へすっかり入ってきてからに、何もかも持ってってっちゃってからに、夜が明けちゃってから「うわっ、取られた」と。

これは実に、勘もくそもない。

それも善し悪しで、勘が良くて目を覚まして「だれだ」ってんで、いきなり殺されちゃったりなんかしたんじゃ、かえってそれはねえ、勘があったばっかりに困ってるんですが。

もっとも、そういう勘がある人間だったら「だれだ」なんてことは言いやしません。

自分の勘のほうが優れていれば、取られない前にちゃんと、入られない前に防いじまいますけど。

どっちかと言や、入ってから気がつくような勘なら、取らせて追い出しちゃった勘のほうがいいでしょう、無事でね、今は。

こういう話もね、聞いておいて役に立つんだ。

あの島田正吾《しまだしょうご》（新国劇の俳優）のところに泥棒が入ったときに、ひょいと島田正吾、目が覚めたんですって。

あれだけのとにかく名優ですから、勘もよかったんでしょう。けれどもね、目が覚めたとき、隣の部屋でゴトゴト音がしてるときに、ひょいと私のことを思いだした。

「ああ、天風さんがいつも教えてたっけ。身に備えがあって、優秀な武芸でもありゃ、こういう場合、飛び出してってその泥棒をとっつかまえることができるが、おれは舞台じゃねえとにかくさ、剣劇王かもしれねぇけど、こら黙ってよう、こういうときは黙っているほうがいいと言ってたから」

ってんで黙ってた。

なんでも三万円ばかりの、ポケットの中の財布の中のものを取られただけで、無事に泥棒はそのまま退散しちゃったから、目的を達したんだ。

そのときにもしも、私の話を聞いてなかったら、これは島田が言うんですよ。

「だれだ」って言うかもしれない。自分のこったからね。

それから「何を」っていきなり来て、バッとやられたかもしれない。

「これは先生の講演を聴いてたばかりに、命が助かりました」

って礼を言われましたが。

入らない前ならばね、勘がよきゃもう、勘がいいやつが早く気がついてからに「ああ、戸をこじ開けてやがんな」というちに、どんなあわて者だって「おい、どうせ入るなら、こっち開けてやるから入りな」なんてことを言うやつはいねえもんね。

もうその前行ったら咳払《せきばら》いでもなんでもしたら、泥棒も退散。

入られちゃったら、まああなた方が身に覚えがあればだよ、生兵法《なまびょうほう》は大傷のもとよ。合気《あいき》の五段や柔道の五段ぐらいじゃ、向こうは死にものぐるいなんだからね、こっちは半寝ぼけなんだから。そういうときにはあまり相手にしないほうがいいだろうね。

でもとにかく、そういうとなんだか泥棒をたいへん奨励しているようだけど、勘の話なんだから、いいかね。

心の締りと緩みがもたらすもの

とにかくこの、触覚が人間は非常に優れていますから、触覚は練習すると、これは自分でも驚くほど、どんどんどんどんそれはもう発達します。

けども、他の感覚は、先天的なものである場合は、象の鼻のようなものは、一マイルも向こうに敵がいるかいないか、もっとも鼻が長いからだと思うかもしれないけど、短くても同じことなの。嗅覚神経というのはこれっぱかりのものなんだ。

それで触覚のほうは、昔からも有名な話があるわな。

禅のほうの教えに「寒殺《かんさつ》、熱殺《ねっさつ》」という言葉があるだろう。

暑さも暑さから心を離せば暑くない。

寒さも寒さから心をそらせば寒くない。

これは女の人は経験してるだろう。

年の暮れの大掃除のときなんかに、どんなおしゃれな女だったって、よそいきなりでもってすす掃きするやつはいやしませんな。

おしゃれはおしゃれほど、なるべく普段も、屑屋《くずや》も持っていかないような汚ねえ単《ひとえ》もんか何かをね、一枚か二枚重ねてやり出す。

みずっ鼻すすりすすり、くしゃみしながら。それで風邪引かないもの。

そのときには要するに、寒さを心で殺している、寒殺ですわ。

その代わりそういうのが、今度大掃除が終《しま》い、一風呂浴びて、温かいものを食べて、こたつにでも入って、心が緩むと、キュン。

なんだか頭が痛い。さっき薄着したから。そうじゃないんだ、心が緩んだから、その隙にふっと生活能力が弱まったわけなんだ。

だからそういう点から考えてみると、この感覚神経というものは、その人の心の練り方一つで、大変違うんだな。

あの快川国師（快川紹喜《かいせんじょうき》）が織田信長に楼門で焼かれるときに、辞世《じせい》の言葉同様に残した言葉があるね。

「安禅必ずしも山水を須《もち》いんや、心頭滅却《しんとうめっきゃく》すれば火もまた涼し」という言葉。

これは、こういうときに快川国師が言った言葉なんだ。

メラメラと、火あぶりですから、だんだん火が燃えてからに、楼門の上に燃え移ってきて、衣の裾《すそ》にもう火が移ろうとしたときに、からかい半分でもって、火あぶり役人が、

「どうだ、和尚。熱いか。熱けりゃ、火加減してやろうか」

火加減したって、火あぶりになるんだから。

そのときに快川国師が言ったんですよ。

「心の安らかな状態は、何も景色のいいところばかりじゃない。たとえ火あぶりになっていても、心がそれを考えないと、火も涼しいよ」と言った。

だから真っ黒けのけになって死んだ快川国師も、なるほど、亡骸《むくろ》は真っ黒けのけでしょう、焦がされちゃってるから。

けど心は熱さから離れた、いわゆる「心頭を滅却すれば火もまた涼し」。

こう言うと、

「それはおまえ、えらい坊さんだから」

とこう思うかもしれないけど、えらくなくたって、あなた方だって、今言った大掃除のときのことや、釣りの人が夜釣りに行ったり、網打ちに行くとき、びしょびしょになるわね、体。けれどそのときに、びしょびしょになるから、おれ嫌だという人、ありゃしない。びしょびしょ、もとより承知だ。

釣れている魚のほうに興味があるもの。

魚は獲れないわ、寒さは強いわ、びしょ濡れだわ、何もならないわと思ったら、だれが行くやつあるもんか。

その代わりもう、夜が終《しま》いちまえば、もうすぐ着物着替えるじゃねえか。

だからそういうことを考えてみるときに、この触覚神経は、心が積極的であれば、触覚神経も積極的に抑制することができるわけね。

消極的になるてえと、だから風邪引かなくていいときでも、風邪引いてるやつがあるね。

風邪引きやすい人間は不思議ですよ。土用《どよう》のさなかに風邪引いてるやつがあるもんね。

「どうして風邪引いたんだ」ったら、

「寝冷えした」ってんだけど、冬の真ん中で寝冷えしたってんなら、いくらかこれ、話わかるけど、夏の夜中に、暑い盛りにどうすりゃ寝冷えできるんだ。腹の上に冷蔵庫でも乗っけりゃともかく。

つまり、観念に緩みができるんだよ。観念に緩みが。ねえ。

人盛んなれば天に勝つ。

心積極的ならば、悪者これを侵《おか》す能《あた》わずなんだ。

悪者が侵すことができないんですから、もう完全じゃねえか。

それを、ああしたら病になりゃせんか。これ食ったら障りゃしないかしら、もう全然それは、弱さの中に自分が漂うに等しいから。

天風の教えは、えらくない者がえらくなるための方法

だからそういう点から考えてみると、なるほど、この五官感覚の優秀ということを現実化するものも、やっぱり終始一貫、心が積極的でなきゃならないんだということがわかるだろう。

そのときに必要な積極的態度というのは、

「おれはいくら心がけてても、なかなかそうはなれんわ」

という気持ちが、一番いけない。

リンドラーシステムという自己暗示法を教わったね。

鏡を応用して、「おまえは信念強くなる」と。

あれを毎晩寝がけに繰り返して、朝目が覚めたら「私は信念が強くなった」。

昼間心のひまなときには「きょうは信念強いんだ」というふうに、常に信念、信念、信念で、

自分をピシッ、ピシッと鼓舞奨励《こぶしょうれい》していくてえと、そういう逆な心は起こらなくなる。

信念が十分にまだ出ない人は、とかくねえ、それで逆な心が出るらしいな。

出る証拠には、よくこういうことを言う人があるね。

この間も大阪で、私に一人怒られたやつがあるんだけど。

いや、相当古い会員なんですがね。

わずかの病を気に掛けてからに、本来ならば、もっともっと早く治るやつが、一向治りが遅いもんですから、

「おまえ、一体全体、何を聞いてた、長い間。実行してんのか」

「実行してます」

「実行してて、そんな状態ってあるか」

「実行はしてますけどもね、先生。

いやもうお小言いただいてるのに、なんとも申し開きもございませんけど、なにしろ、鈍《どん》な人間で、先生みたいなえらい人なら、それはもう教えのとおりなんでもできますけども、今みたいに鈍やさかいに」

「ばかやろう！」

えらい人間にえらくなる方法を教えてるんじゃないもの、ここじゃ。ねえ。

鈍な人間に、鈍でなくすことを教えてるのを「鈍やさかいにできひん」。

するとこの教え、どういう人間に教えんねん。

それこそは、洒落《しゃれ》を言うわけじゃないけど「どんな」人間に教えりゃいいんだ？

結局そういうような、その全く問題の言うような気持ちを感じさせるような話になっちまう、訳のわからないことを平気で言うやつが、会員の中にいるんですよ。この中にはいないけれども。

だから、いいかい、この教えは、えろうない者がえろうなるための方法なんで、えろうないさかいに、えろうなれへんじゃないので、えろうないから、えろうなるような方法やってんだから、やりさえすりゃ、えろうなれんねん。

えろうなったらもう、何もえらくないときほど一生懸命やらなくたって、もうえろうなっとるんですから。

それを忘れちゃ駄目だ。

それを、とかくそのね、自己否定をするからいけないんだよ。「あたしゃ、駄目だろう」って、これがいけないんで。

その「あたしゃ駄目だろう」と思うものが、駄目でないように、ちゃんと立派に、すべてがよくなりうるように組織がしてあるんだから。

だから、よくまた私が帰ったあと、寝がけに、この五日間に聞いたことを整理なさい。そうしたらあれもやらにゃあかん。これもこうせんにゃあかん。

つまり、結局要するに、自己をつくり上げるものは、自己の努力と、その努力は自己の情熱に比例するんだぜ。

いくら知性が豊かでも、その知性を研ぎ上げる土台に情熱の火が燃えてなかったら、結局あなた方というものは、ただもう冷ややかな理知だけが、あなた方を苦しめるだけになるぜ。

ただもう実行、実行。

これを忘れちゃいけませんよ。

これがきょうの私があなた方に言いたい、認識力養成の結論ですが。

「私は駄目だ」とか、自分で自分を侮辱するな

なお、添え言葉として私の申し上げたいことは、こうやってもう、来る月、来る月、いろいろと手を替え品を替えて、あなた方を正しい自覚の人間にするために努力している以上は、あなた方はこういう真理を知っているプライドというものを失わないようにしなきゃ駄目なんだ。

今もさっきも言ったとおり、私は駄目だとか、おれはアカンとかいう気持ちは、自己を侮辱した心。

あなた方、自分にもしも、他人がいきなりツバひっかけたら、礼を言う？

腹立つだろう。

その自分自身が、自分自身にツバひっかけてからに、恥ずかしいとも腹が立つとも思わない、

無感覚があっちゃ駄目だよ。

一歩表へ出てごらん。

あなた方ほど人生に絡まる真理を知っている人なんていうのは、たんといやしないよ。

たんといないよ、絶対いやしないよ。

いろんな屁理屈や議論を言う人は多かれど。あなた方のように、尊い真理に人生を立派に乗せて生きてる人、いやしねえ。

だからそれをその、日々刻々の瞬間のプライドにしなきゃ。

プライドにしろというのは、うぬぼれろというんじゃないんだぜ。

これ、聞き違えないようにしろ。

よくうぬぼれるやつがあるんだよ。ほかのこういう方面の真理を知らない天風会員以外の者に会うてえと、口じゃ出さないかもしれないが、

「なんやあれ、えらそうなこと言いやがったって、有象無象《うぞうむぞう》やないかい。あるいはみんな凡人《ぼんじん》や。おれも昔は凡人だったんだけど、天風さんの弟子になって、真理を知って生きる者は真人なりという、真人や。格が違うね。ああ。戸籍の上じゃ同じこっても、格が違うね」

なんてなことを思っちゃいけない。

プライドに生きよというのは、真理を知った者は、その真理を実行して、そうして実行してその真理のとおりの、尊い生命をつくり上げることが、プライドなんだ。

実行しないでもって、尊い生命をつくり上げないで、真理を知っている天風会員だっていうのは、これはただ傲慢《ごうまん》なうぬぼれだけなんだ。

そら、くその役にも立たんがな。往々、それになりやすいぞ。

実行、実行、生きている以上は実行

最初の意気込み、どこへやら。半年もたってえと、講演がだんだんわかってくるてえと、わかってくるにつれてからに、実行のほうがおろそかになって。ただ会に行ってさえすりゃいいぜ、というふうに考えてるかもしれないけど。

会に来てることは、来ないよりもいいかもしれないけれども、それでもって発達は、実行しない限りは来やしない。

往来《おうらい》で道聞いてからに「ああ、わかった、わかった。あそこへ行くには、こう行って、こう行って、こう行くのか」ってわかったからって、歩き出さなきゃ行かれやしねえ。

だからかりそめにも天風会員というプライドを失わないようにするのには、実行をあくまでも現実にする。ね。

よろしいかい。

四十三年、こういうことを説いてからに、五十年以上もこういうことを自分で組み立てて、そしてあなた方の指導者になっている天風。

あなた方に教えていることを一つも実行しないことはないのであります。

みんな実行している。

私は、ほかの先生みたいに「もう、おれはいいんだよ」とは思わない。

ほかのえらい先生はね、弟子に教えていることをしない人が多いんであります。

私はもう、どんな場合でも、自分の修行というものは怠《おこた》らない。

怠らないというのは、怠るてえと、お弟子に負けるばかりじゃない、自分自身がなにしろこういう、右の胸に大きな穴が二つ空いてる、言わばガラスのコップで言えばひびの入っている壊れものだ。ちょいとでも油断したら、それはもうガタガタときちまう。

ですからもう、一生懸命私は、人の世のために生きている以上は、一日でも人様の幸いのために生きずんばあるべからざる、責任感の上からも、一生懸命実行してます。

だから、あんた方も実行なさいよ。

えらいだろうけど、みんなね。

中にはもう、私はできてるてな顔をして聞いている人があるけど、それは顔だけじゃわからねえんだから。

顔はみんな、えらい顔してます。

鼻持ちもならないような、高慢な顔をしてるやつもあるけど。

実行なさい。

そしてとにかく、すればするほどね、炭団《たどん》と違うんだから、磨けば磨くほどね、炭団は小さくなっちまうけど、人間の格てえものは、磨けば磨くほど、光を出すんですから。

そうしてもう、われながら、自分自身の五官感覚機能が完全で、完全になるとね、第一番に、電話がリンリンと鳴ると、「あ、だれ」ってこと必ずそれがわかる。

「おい、だれだい」なんて聞かなくたっていいんです。

人が話してるときに、聞かなくたって話の内容が、その応答でわかっちまうくらいになれるようになりゃ、リンリンときたら、あーっと、何の用だということがわかるようになる。そうなるようにできてるのが人間なんだもん。

カエルでさえ、明日の天気の良し悪しはわかってる。

それが人間がラジオの気象台の報告聞かなきゃわからず、気象台だってほんとのことばっかり言わねえから、気象台で天気だって言うのに、傘の用意しないで行って、雨に打たれたりなんかして、気象台怒ってるやつがあるんだけど。

気象台怒るより、てめえを怒るほうがいいね。自分自身が粗忽千万《そこつせんばん》だから。

優れた一人の人間の影響が、優れざる多くの人間を変える

とにかく、優れるようになる方法ばかりを教えているのが、天風の教えであり、また天風の、あなた方に対する、本当に偽らざる念願なんだから。

だから、どんな場合があっても、あなた方が優れない人間になるようなことは教えやしないんだから。

だから安心して、とにかく私の言うまんまを、無邪気に実行して、どんな人間の中に出ても、ね、見えない光明《こうみょう》が燦然《さんぜん》と輝いている人間になってください。

それはただ単に、あなた方個人の一人の幸福のためじゃないんだよ。

そういう人間が、たった一人、多くの人間の中に入っていくてえと、多くの、よろしいか、迷っている人間や苦しんでいる人間、みんなその一人の光明を持っている人間の近くへふーっと、美化、善化されちまう。

だから、優れた人間のたった一人の存在は、優れざる人間の一人の存在の逆比例であることを忘れちゃいけない。

そうなって生きるために、われわれには、優れたタレントが与えられてあるということを、考えなきゃ駄目よ。

だからもう、最後に言う言葉はたったひと言。

「私は駄目だ」というような自己否定をしないこと。

とかくその自己否定をね、今まで間違った努力をしていて、一向に成功しなかったことは考えないで、「私は学問がないから駄目だ」とか「私はあまり経験がないから駄目だ」とか、さっきも言ったように、「鈍だから駄目だ」とかね。

これ、一番いけないですよ、自己否定が。

進んで積極的に自己肯定をなさい。

必ずおれも、天風の教えのとおり、世のため人のために優れた存在になり得るという、おれは立派な価値を持ってるんだと。だからこれ、研ぎ上げていこうと。

ただ「価値を持ってるんだ」でおしまいにしちゃ駄目なんだよ。

そうなるとうぬぼれの突き当たりになる。

だからおれは自分を磨き上げるんだ、研ぎ上げるんだと。本当にこの気持ちを奮い起こさなきゃ。

私みたいにね、どこでどうなってみたところで、末は馬賊の頭《かしら》か、下手《へた》をうつとこいつはもう、支那でのたれ死にするだろうと思って、支那にやられた人間が、一念発起したばっかりに、こんな、こんな、だれもまねのできない尊い毎日を送られるというのも、結局要するに、たった右にしたか、左にしたかの、気持ちの転換だけなんだから。

だから、どうかあなた方も、自分の、ねえ、マイナスの方面ばかり見ないで、プラスの方面をグッと見て、そのプラスの方面をより一層光り輝かせて、自己一個の存在は自己一個のためならず。この時代に生まれた人々の世のためよ、というふうに、高い道義念を、自分の心の中から本当にバイブレートして、それで明日からの世界を、本当に価値高く生きてください。

そしてもしも仮に、ひょいと飛び出して怒ることや、悲しいことや、あるいは怖れることや、憎むことや、妬《ねた》むことや、悩むことや、苦しむことや、あるいはまた、怠る心が出たらば、パッと私の顔を思い出しなさい。

そうして、クンバハカ（神経反射の調節法）一番、一切の心をかなぐり捨てて、より高い方面へと、颯爽として、心のステップを運び出す。

この気持ちを現実にされたいことをお願いして、それじゃ、今度は花四月、陽春の頃帰ってきます。それまで元気で。

第五章

「心機転換」こそが問題を解決する

昭和四十年（一九六五年）十一月 京都

軽率な生き方をしているとこんな現象があらわれる

きょうの、この研修科の講演の目的は、われわれ人間の心の消息を、詳しくわかっていただいて、そしてお互いがこの世に生きるとき、一番大切な、心の操縦ということを、完全にする必要な理解を、本当に正確にすると同時にですよ、人間以外のほかの生物が、絶対に発現することのできない、霊感という尊《とうと》い特殊の精神作用は、一体どういうふうにすれば、ほかの心と同じように発現せしめ得られるかという、これは大切なことです。

霊感発現の要領。

それを正しくお教えしたいと思うのであります。

一体に、現代の物質文化に生きてるお互いは、幸か不幸か、この心の方面に対する理解が極めて浅いために、霊感なんてものは何かこの、特別な人じゃなきゃ出てこないように思ってるという、これは軽率な判断なんだ。

人間である以上、人間が人間らしく生きたら、必ず出るように決まってるこの霊感をですね、滅多やたらに、自分が出したことがないという、自分自身のこの乏しい体験の上から、霊感なんて全然出ないように、こう思っちゃってる。

そして自分の生き方の正しくないことには反省しないという、非常にこの、矛盾《むじゅん》が毎日の人生に行われていることに気がついてないんですが。

それをもっと正しくお教えしたいと思って、今晩この演題を設けたわけです。

もうしばしば、私、あなた方に折あるごとに言っているとおり、人間の心というものの働きは、このほとんどのすべてが、心の奥にある、潜在意識の中にある、観念要素が、この不思議の作用の根本を成しているのであります。

ところが、これもまた、ちょいちょい言ってるが、心というものを正しく研究しない人は、人間が思ったり考えたりするという、あの要するに仕事を、実在意識が行っているがために、もう一切合財《いっさいがっさい》、どんな心の作用も、この実在意識から発現し、そして実在意識が単独にこれを行っているもののように、思い違いをしている。

もっとわかりやすく言えば、実在意識領《りょう》の働きが、表面的に明瞭《めいりょう》に、意識的に自覚されるために、これが心の一切の作用を行っているかのごとくに、考え違いしちまうんであります。

そう言われてみても、気のつかないほど考え違いをしてるんだから、その結果、どうしてもそれは、実在意識の作用のみを重く見るという傾向が出てきて、そして、もっともっと重大に、真剣に考えなきゃならない、潜在意識の作用というものを、少しも念頭に置かない人生を生きることになっちまうんであります。

もう現に私なんか、長い間、そういう軽率な生き方をしてた一人なんですが。

ところが、そういうふうな、要するにずさんな人生に生きると、ちょうど馬を御《ぎょ》することの知らない人が馬に乗って、おとなしい間だけはとにかく、馬の背中に乗っかってられるけども、突然馬が何かに驚いて、暴れ出したとなると、たちまち、馬から振り落とされる、と同じような結果が来ちまうんですよ。

人生、事なき世界が続きゃいいけどもね。

実在意識に、何かのショックや衝動をパーッと受けると、もう即座、収拾のできない、いわゆる混乱状態に心が陥っちゃって、結局、思うように完全に心の操縦ができなくなる。

そうすると、あなた方がこの会（天風会）に入るまで、しきりにやってたような、間違いを間違いでないように思って、間違ってやっちまうんだよ。

つまり怒らなくていいことを怒ってみたり。

何も怖れなくてもいい場合でも怖れを感じてみたり。

そうしてもう、気が静まって考えてみりゃ、たいしたことでもないことを、非常にこの悲しんでみたり。つまんないことを悩んで、気をふさいでみたりと。

これは結局要するに、実在意識の働きのみを重大視して、潜在意識というものを考えない、軽率な生き方をしている結果に生ずる現象なんですよ。

「心の奴隷」になってしまった支那の殿様の話

とにもかくにも人生は、こうやって生きている刹那《せつな》、この人生を価値高く、生きがいのある状態で生かしたかったらば、もうこれも何遍も言ってるから、言うだけ野暮かもしれないけども心の操縦を、一番先に、完全にするということが先決問題なんだ。

心の操縦を完全にする先決問題を、後回しにしちまって、後回しにしていいことを先回しにしちまうと、いわゆるそれがほんとの矛盾撞着《どうちゃく》（つじつまが合わないこと）だ。

ところが、この厳格な秩序というものが、どうも重大に考えられないでもって、結果のほうを先に急ぐというのが、普通の人間のこういう場合の考え方ですな。

これは私、支那《しな》で聞いた話、非常に面白い話だと思ってる。

隣同士に、非常に頭のいい殿様と、頭の悪い殿様が、領分を相接して持っていて、頭のいいほうの殿様が、五重塔を建てて、頭の悪いほうの殿様を呼んでごちそうした。

バカでもやっぱり、そりゃまあねえ、負けたくない気持ちはあるとみえて、国に帰ってから早速、家老たちを呼び寄せて、

「この間おれは隣国の大名に五重塔を建てたからって呼ばれて、ごちそうになった。あのくらいのものは、おれの国だって建つに違いないから、おれの国でもあれに負けないだけの五重塔を建てろ。

そして隣の大名を呼んで、この間の返礼をしたいから」

早速、家老どもが、それじゃってんで、全国の大工を呼んで、五重塔の建築に取りかかって。

ようやく、土台が敷かれて、建前《たてまえ》になったのでもって、殿様に、

「ぜひおいでを願います。きょうは五重塔の一番の、最初の柱建てをいたしますから」

するとやってきて、

「五重塔、どこにあるんだ」

「これからここへ建てますので」

「建てますって、おれはな、五重塔の一番てっぺんで、隣の殿様にごちそうになったんだから、取り急いでてっぺん建てろ。あとはどうでもいい。一番先にてっぺん建てて、それで早く隣の人を呼ばなきゃいけないから、てっぺん建てろ」

「いや、お言葉でございますけれども、やっぱり下から建てていきませんと」

「いや、てっぺん建てろ」

って、こう言ったという話がある。

これは結局要するに、頭としりとを間違えちゃった考え方だね。

というような話で聞くてえと、あほなやつもいるもんだと思うんだろうが、よく考えてみると、あほなやつと同じような、気のつかない考え方で人生を生きている場合が、随分ありゃしないかと、これ考えなさい。

それがその、これからだんだんわかるようにお話しするけれども、潜在意識の重大さを、重大だと考えないで、おろそかにすると、そうしたような間違いを、間違いと思わないで間違っちま

う。

そうなるてえともう、心というのは生きるために使うのに、生きるために使う心から、反対に、あべこべに、使われちまうことになるんだよ。

使うものにあべこべに使われたらどうなるかということを考えてごらん。

お店で番頭や小僧は、店の仕事をするために使ってる人間だ。

その番頭や小僧が、今度主人をあべこべに使ったらどうなるかってんだ。

もう火を見るより明らかな矛盾撞着か、生じる結果のよくないことはわかっていながら、人生を生きる場合に、使って生きなきゃならない心に、あべこべに使われている場合のほうが多くはないかてえことを、反省しなきゃいけない。

インド人たちはなぜ裸で生きていても恥ずかしくなかったのか

あなた方はどうか知らないけど、私は悟りをひらくまでってものは、もう私の人生は朝から晩まで、心に使われていた人生だと言っていいような人生でしたよ。

だから病《やまい》に冒《おか》されてからの日というものは、もう全くそれは、万物の霊長たる人間としては恥ずかしいような毎日を生きてて、しかもそれを恥ずかしいと思わないんですから。

インドへ行きたてに、文明民族の見られないような裸の人間の群れを見てね、

「こいつら、恥ずかしくねえのかしらん」

と思った。

男も女も、文明民族が隠すところを隠してないんですからね。

まあ、形ばかり隠すようにしちゃいます。

男は四尺ばかりの、一尺幅のインド木綿でもって、くるくると腰に巻いてるだけだから、立ってるときには見えませんわね、これ。

けど、立ってばかりはいねえから、人間てやつは。しゃがんだり、あぐらかいたりする。そういうときにはもう、丸出しでさ。

けど、決してそれを恥ずかしいと思わない。

女の人なんてのはね、前へただ、ナプキンみたいなのがちょいとかけてるだけだ。

ナプキンかけてるようだから、前から見りゃ、ナプキンだけしか見えないけども、それが後ろから見りゃ丸見えだもんね。おしりだけが。

ましてお辞儀でもしようもんなら、すべてみんな見えちまう。

けど、なんとも思ってない。

こっち、見るほうが恥ずかしいんで。

そのとき私は思ったよ。

やっぱりなあ、これらこれを恥ずかしくないと思うように、おれたちもやっぱり自分の心を使わないで、心に使われて生きてることを恥ずかしいと思って生きてなかったら、結局同じことだ、五十歩百歩だと思ったんだ。

だからとにかく、知らざりせば、あにあえて何をかいわんと言っちまえば身も蓋もありませんわ。

知った以上というものは、あくまでも自分の人生生活を価値高くするために、心の操縦ということを完全にするということに努力しなきゃね。

この努力が、結局あなた方を、全生涯を通じて、幸福にするか、不幸にするかの分水嶺《ぶんすいれい》だ。

有名学者の流行の研究には決まって処置法がない

これも、何遍か言ってることですけれども、何遍聞かせてもわからない人があるけれども。

幸福とか、不幸とかいうものは、何か金でもよけいできるとか、商売がうんと繁盛するとか、あるいは運命でもよくなりゃ、幸福が来るように思ってるという、その考え方は大変な間違いなんですよ。

それは失礼ながら、ほんとに金持ったことのない人が、金を欲しがり、ほんとに地位や名誉を高く持った人が、そういうことは決して考えないんで、持たない人の考え方なんだ。

そう言っても「いや、やっぱり金があったほうがいいや」とか「地位、名誉があったほうがいい」と思うかもしれないけど、じゃ金持ちみんな幸福かしらん。

地位、名誉の高い人、みんな幸福かしらんということを考えてごらん。

案外、何もない貧乏人のほうが、幸福な人生を生きている場合のほうが多いんですぜ。

本当の幸福というのは、これはもう、飽きるほどあなた方が聞いている消息からおわかりだろうが、金じゃない、地位じゃない、名誉じゃない。

結局幸福というものは、自分の主観断定で、これは決定するよかないんだから。

傍《はた》から見て、あの人は幸福そうだなと思えることによって、幸福というのは来るんじゃないんだから。

若い人たちが好きな、あの『青い鳥』の作者のメーテルリンクが、歌っている詩の中にあるね。

「幸福の鳥は外に行ったってつかまらないぞ。

おまえの家の軒端《のきば》につるした鳥かごの中にいるよ」って。

結局おまえの心の中に幸福があるんだ。何を見ても聞いても、自分が第一幸福になってみなきゃ駄目だという意味ですわね、これは。

そうなろうには、そうならなきゃ駄目だということだけわかったって、なれやしないもの。

それが今までの、あなた方にも経験があるでしょうが、私たちの場合にも、本当によくもあんな気楽《きらく》なことを、かりそめにも人を導く人々はへいちゃらで言っていたなと思うほど、むしろ滑稽《こっけい》感を感じるんだけれども。

われわれがねえ、まだこういうことを知らない時分に、自分の迷いや悩みを、えらい人に訴えて、いくらかでも自分の心の重荷を軽くしようと思って、教えを聞きに行くでしょう。そうすると、今言ったようなことを言うんですよ。できない相談。

「つまり、おまえの心の決め方が悪いんだから、つらいことはつらいと思っている限りにおいてつらいんだから、つらいことをも喜びに振り替えたらどうだ、ええ？」

えらそうなこと言いやがる。

「振り替えたらどうだ」

「ああ、さようでございますね、それじゃ振り替えますわ」

ってこっちからこっちへこう替えるように替えられりゃね、人間何も苦労することありゃしないけど。

そのときに一番必要なのは「こうすると替えられるよ」ということを教えてくれることったね。きょうも、京都支部長さんと話したこったが、今ちょうど、ハンス・セリエ（生理学者。ストレス学説を唱えた）が大阪に来てます。

そして例のあの、ストレスの講演をしてます。

きょうもテレビでお聞きになったでしょう。

もっとも、聞いてもちんぷんかんぷんで、おわかりにならなかったろうってことは、ご推察いたしますが。

専門家が聞かなきゃわからないんですよ。

専門家でもそうね、特に神経系統の研究した医者が聞かないと、あれはちょっとわからないことなんだ。

けど私は、セリエさんの学説に対しては非常に尊敬を感じますけれども、しかしその尊敬すべき学説を、ああいうふうにですよ、専門の医者以外に聞かせたら、一体その結果どうなるかということを、私は非常に懸念《けねん》したんであります。

もっとも、あの講演を聞いてから、天風会に入ってくださりゃ結構ですが、天風会に入らない人はどうなるだろうということを考えたんで、きのう大阪支部長にもこう言った。

「ねえ、どう考える。

ああいう講演を素人《しろうと》が聞くと、要するにストレスと称するものの恐ろしさだけしか感じないだろう」

きょうあたりの講演聞くてえと、人間、ちょいとの間も油断も隙もできない、どんなに用心しても、ストレスの刺激は精神的なり、物理的な刺激によって、必ずその生命を冒しているんだというのが、きょうの講演でしたね。

そして、予防法を何も説かないの。

ここみたいにクンバハカ（神経反射の調節法）てな方法を教えてくれるならいいけど、何も説きゃしない。

それで、この前来たときにはね、吹き出したくなるような予防法を説いてましたね。

見ちゃいけないものは見えない眼鏡かけろとか、聞いちゃいけないものは耳に栓かっとけ。今度はそれを言わないで、今度はこういうことを言ってるじゃないか。今度セリエに会ったら、私はそういう詰問をしてみようと思ってる。

「だんだんの私の研究によると」ってんだ、セリエさんが。

私じゃないんだよ。

「だんだんの研究によると、このストレスの刺激というのは、人間にみんな、個々別々によって違う」って言うんですよ。

「母親の受けた同じストレスのショックでも、娘が受けたときには、それをより一層大きく感じる場合もあろうし、少なく感じる場合もあるだろう」って。

「同じ人間でも、きのうときょうと、同じストレスの刺激受けても、そのときのその人間のいろんな条件、たとえば心の状態とか、あるいは肉体の健康状態というのによって、受ける受け方が違うだろう。千種万別でもって、収拾し能《あた》わざるものが、このストレスの刺激なんだから、任意に、適当に、そのとき、そのときに、そのストレスを処置なさい」と、こう言う。

これは、なんとなくわかったような気がして、わからない結論じゃないかということを気がつくでしょう、天風会員なら。

きょうも京都支部長とそういう話をした。

彼がね、

「いや先生しかしね、世間のやつは何もそんなことを知らねえから、それ聞いて『ああ、そうか。じゃまあ、適宜《てきぎ》に処置すりゃいいんだ』とこう思ってるだけでしょ。あれ、わかったふりしてますよ」って。

ふりじゃなく、わかったつもりでいるんですよ。

適宜に処置をするというのはどういうんだ、一体。そうでしょう。

学者ってものは、立体的にただ、自分の研究した、要するに結果だけを報告的に一つのデータをつくるだけでもって、肝心要《かなめ》の、一番大事な問題てえのは、そうした場合におけるその事柄を、いかにすれば人生で、適当に処置できるかって、実際方法をね。

その点だけは本当にまあ、天風会員は私は本当にお幸せだと思う。

私ももう、大きな幸せを感じております。

この幸せなあなた方をつくる、たとえなんだろうと、修行をさせていただいただけ、だから、きのうお持ち帰りになった「志るべ」(天風会の機関誌)の論説をお読みになると、天風会員になったことの幸福をお感じになるだろうと、私は思ったんですが。

一番この、天風会の教義の、組織に対して私がもう、何よりもこれ以上骨の折れたことのないというのが、この潜在意識の正しい整理なんですよ。

これは私が死にまして、百年、二百年たてば、必ずこの問題が大きな医学研究への、価値の高いエビデンスになるであろうことを、私は信じて疑いません。

なぜかというと、その時代が来ると必ず、医者たちが、この方面に対する注意が、彼らの、要するに理知の中にひらめき出すに決まってるんだから。

今はまだ駄目です。まだそこを考えるまで、医学者たちの頭が到達してません。まだまだ、物質研究ばかりに没頭しようとする傾向が、まだ少なくとも五十年や百年続くでしょう。

つまり、病が生じた場合に、その病と取っ組むということだけに対しては、非常な注意を綿密にしているのでありますが、その病に、人間が冒される一番の原因的動機が、どこにあるかということを考えようとする医学者の注意力が、おろそかである限りは、こういう問題をどんなに詳しく説いても、かえって医学者であると、より一層、そっぽを向いちまうだろうと思う。

しかしそれは、第二の問題で、私自身がこの組織に対し非常に苦心したという苦心の事実を、これからの話で聞かれるに従って、よくまあ、そこまで研究されたなと感激すると同時に、それを感激しているだけじゃいけないのよ。その感激を直《ただ》ちにあなた方のものにして、あなた方がそれを実行に移す準備の理解にしなきゃいけない。

わかったね。準備の理解。Good knowledge on the preparation であります。

そうしないいてえと、聞いて聞きっぱなしにする恐れがあるぜ。

潜在意識の中の、物質心意識について

さあ、そこで潜在意識について、どういう理解をしようとするかというと、人間の心に五種類

あることは、もう既にお話ししたね、この前。覚えてるでしょう。

肉体に絡《から》まる心に三つ。物質心と植物心と本能心《ほんのうしん》ね、動物心。

それから、精神生命に絡まる心が、理性心と霊性心《れいせいしん》だ。

これは私よりあなた方のほうがよく覚えてるくらい、覚えてるでしょう。

従ってこの、潜在意識の中で働く意識現象も、やっぱりこの五つの心が土台になって働いているんだから。

従って同じ名前がつけられる。

物質心意識、植物心意識、動物心意識。並びに理性心意識、霊性心意識と。

意識というのは、心が活動状態に入ったときの現象を指して言う言葉だということは、もう忘れないでいるでしょうね。

そこで、もう少し心の説明を詳しく説くことにしますが、第一のこの物質心意識というのはね、肉体を組織する細胞の原形質の中核である、一物質から発生する意識なんだ。

難しいかな？

難しくても、ほかにやさしく説く言葉がないので。

結局、数の子の一粒一粒から出てくる意識と同じなんだ。

あなた方、数の子なんだぜ、魚屋の店先に並べてある。

数の子の固まり加減が、鼻ぺしゃになったり、おしりが大きくなったり、大根みてえな足になったり、姿のいい姿があるかと思うてえと、あれ人間かいと思うような姿になっちまったりする数の子だ、これは。

その数の子の一粒一粒が、みんなその、それ自体を生活せしめるために、その中に意識を持っているが、この意識は不活動的な意識なんです。

つまりね、ちょっと難しいな、こりゃ。

細胞個体の形成ということを司《つかさど》るのが、その職分だから、外に出て働く心じゃないんだよ。もう数の子の一粒を一生懸命守っていくだけが職分なんだ。

だから実在意識領に表れませんよ、これ。不活動意識だから。

しかし、実在意識領に出て働かないけれど、常にこの第二の、植物心意識と協同して、力を合わせて、潜在意識領の奥深くに、黙々と内在して、そして肉体生命を形作る細胞を、守ることに努力をしててくれる。

その努力が続いて、完全な努力が効果を上げている間は、やせませんわ。そりゃ太りすぎもしませんわ。

けど、その努力が邪魔されるような精神使用法をやったり、肉体の生活法をやると、あるいはやせたり、あるいは太ったりすると、こういうことだ。

わかったろう。

植物心意識について

それから第二の植物心意識というのは、肉体生命を生かす一切の作用を司る、植物心というものから発生する意識なんだ。

これは非常に範囲を広く持っている、ありがたい意識なんで、わかりやすく言うと、毎回の講習会では言いませんけど、ときどき私が講習会のときに、特にクンバハカを説くときに言っているあの、肉体生命維持の三大条件ね。

呼吸の作用と、栄養の吸収作用と、老廃物の排泄作用。あの三つの条件は、あれが完全でなきゃ、人間、完全に生きていかれないんだから。この生命維持の三大条件を完全であらしめるべく働いているのは、この植物心だ。

その上、かりそめにも揺るがせにすることのできないのは、人間の体の健康を完全に守るために、ちょいとでも細胞組織の中に、その細胞組織の結合を阻害《そがい》するような事実の生じたときに、それを正当な状態に還元復帰せしめる、自然良能《しぜんりょうのう》という、素人にわかりやすく言えば、肉体に生じた疾病《しっぺい》を回復せしめる、そして健康を完全にする作用までが、この植物心意識が司っている。

解剖学的に言うと、植物性神経の一切の作用に、入念にその命令権と支配権を持っているのが、この植物心意識なんだ。ね。

わからない人はわからないで寝てなさい、こういうところは。難しい話なんだから、おわかりにならんかもしれないから。

田舎の山の中にいる人間を、いきなりこう東京のど真ん中やロンドンやパリに連れてって、盛んにいろいろなところを見せた挙げ句、こりゃもう、今まで食ったことのねえものを食わしているのと同じような結果が来ますから。

今まで全然考えてなかった日にゃあ、なんだかちんぷんかんぷん、訳《わけ》がわからずにいるでしょう。今まで一遍も聞いたことがない話なものですからね。耳に慣れていませんから。寝てらっしゃい。この中、風邪引きませんから。ときどきみんなが「アハハ」と笑ったら、一緒になって、つきあって笑ってりゃいい。

とにかくこの、植物心という意識は、これが結局お互いの命をこうやって保護してくれる、大きな中枢をなしているので。

けど、ただこの心がね、第一の物質心意識と同じように、これも潜在意識の中に黙々として内在し、実在意識領に飛び出してこない。

こないもんだから、あると思わないんだ、多くの人が。

あると思わずに薄情に扱われているけれども、この植物心意識というのは、これはもう文字通り、不眠不休。寝もしなきゃ休みもしないんだ、こりゃ。

これに寝られちゃ事だよ。これに寝られたり休まれた日には、すぐ死んじまうもの。

私たちの命が、この現象界に存在している間は、瞬間、刹那もその働きを怠《おこた》らないという、実に驚嘆に値する勤勉を続けているんです。

この植物心意識が、もう虎視眈々《こしたんたん》として、油断ならず「あっちでも、あっちでも」と言ってからに、感じたものをただちにそこを治そうとしてくれる。

それでしかも、特にこれは知っておきたい事柄ですが、この植物心意識というのは、ちょいと見ると心なきがごとくに見える草や木、いわゆる一般の植物にも存在している。

だからもちろん、一般の動物にも一様に、生まれたときからその生命の中に与えられてあるわけだ。

そうしてこの意識は、普通の場合にはこの、実在意識の支配を直接受けることなしに活動しています、独自の作用で。

これを哲学のほうじゃ、植物心意識と物質心意識だけは、造物主の直接の支配を受けているものだと、こういうふうに言っているくらい。

ですから医学のほうでも、この植物心意識の方面に関するすべての神経を、自律神経と言ってるでしょう。

自分で、他から何の力を加えなくても、ひとりでに働いている。

つまり、他の支配を受けることなしに、というよりも受ける必要がないんだ。造物主から直接的な命の根幹を働かせているほうだからね。

つまり独自的に活動することができるように、本来的にそうなっている。

が、しかしここなんだ。

だからといって、特にこの心の操縦を完全にしようと思う者が忘れてならないことは、この心意識は、実在意識の直接支配を受けていないで活動してはいるけれど、けれど、実在意識の状態というものが、あるいは積極、消極というような状態が、この心意識の活動の上に、もう直接に大きな影響を与えている。

わかるかね。

自分の意識で支配する力はないけれども、影響を与えるという恐ろしい事実があることを、これをおろそかにすることはできないんであります。

もう少しわかりやすく言おうか。

わかりやすく言やあ、つまり人間の日にちのこうして生きていく刹那刹那の心の持ち方というものが、よろしいかい、潜在意識内のこの植物心意識の活動の作用を、よくもすれば、また悪くもすると言うんだよ。

これを私は、医者でありながら長い間知らずにいたんや。

これがわかってからもう、全くびっくりするほど、私は丈夫になっちゃった。

わからないときには、丈夫にならないような心の使い方ばかりしていたから、そうならなかったわけだ。

ですから、この点をいつも私、講習会では、これほど難しい議論でなく、何をおいても人生の解決は心の持ち方だということを言ってるのは、ここなんだ。

心の持ち方が積極的で、いわゆる尊く強く正しく清くありさえすれば、この植物心意識の受ける影響が、直接的に非常に良い反射作用を受けるから、植物心の働きもまた、完全な状態になる。結果から原因にさかのぼってね。

ところが憐《あわ》れ惨憺《さんたん》、心の持ち方が消極的になっちまうと、いわゆる尊からず、強からず、正しからず、清《きよ》からざる状態になると、その作用もまた、すこぶる力弱く、不良なものになっちゃうんだ。

ということだけ聞いても、生命存在の上に重大な結果を、心の持ち方が及ぼすということがわかったね。

にもかかわらず、何かこう薬のいいのでも飲むとか、医者の巧妙な、しかも病を治す力がなくても、ご機嫌取りが行き届くような言葉で、人間の生命を保つ一番根幹とも言うべき、この植物心並びに植物心意識が完全に働くように思ってる人間は、全然それは見当違いのやり方でやってるんだから、結果がその人を完全な幸福にしないという事実でもって、はっきり反省ができそうなものですけど、片っぽだけしか見ないでもって、片っぽを考えない人間には、これはわからないもの。

「なんでこれだけいい医者にかかって、高いこれだけの薬飲んで治らないんだろう」

と思うのは、薬が効かないんでもなきゃ、医者が下手《へた》なんでもないんで。

自分がどんどん、どんどん効かないようにしてるんだから、それはもう、よい健康なんていうのは夢ですよ。

動物心、本能心について

それから第三の、この動物心ですが、俗に本能心というやつは、この動物心のことなんだよ。この本能心、いわゆる動物心というのは、一般動物の生存を確保するために、どんな動物の心の中にでもある。

顕微鏡で見なきゃ見えないような、アメーバのようなものの中にもあるんだよ。そして、この動物心の作用の特有なものは、普通の、もうすべての動物に存在する、原始的欲望というものを、第一番に働かせている。

原始的欲望というのは、共通的にどんなものにもある欲望なんだ。

三つあります。第一が食欲。第二が睡眠欲。第三が性欲。

この三つはもう、アメーバでもあるのよ。

食わなきゃ死んじまう。それから睡眠しないで休息を与えることがなけりゃ、細胞はそのまま消耗して死んじまう。性欲がなかったら、増えないもの。系統の相伝ということができない。

それだけならまだ始末がいいんだけども、その他、一切の感情情念、怒ること、悲しむこと、怖れること、悩むこと、迷うことね、悶《もだ》えること、苦しむことということような、もう数限りなくあなた方の心を思えば思うほど、考えりゃ考えるほど暗くするような、あの感情情念が、一切ことごとく、この動物心というものから発生せしめられる動物心意識で活動している。

がただし、ここに特にこの深甚《しんじん》なる注意を促したいことは、この動物心というものは人間を困らすためにあるんじゃないんですよ。

人間のこの肉体生命を生かすために、生きるのにどうしても必要な要求や、あるいは事実を、その意識でもってはっきりさせるためにある。

お腹《なか》が減ったというときに、この動物心がなかったら、腹が減ったのがわからない。

そうすりゃ腹が減ったのがわからずにいりゃ、そのまま日ぼしになっちまう。

働くだけ働いてからに、脳細胞が疲労してくりゃ、休息を要求する。

この休息が自然現象として睡眠なるものを感じる。

しかしこの動物心意識がそういう方面を働かさないでいると、もう寝ないでいると、五日たたないで死んじまう。

それからまた、男女共通、性欲が出なかったらどうする。

一代かっきりでもって、地球上に人間、みんないなくなっちまう。どこへ行ってもそれは、荒《こう》涼《りょう》漠《ばく》々《ばく》たるところの草と木だけになっちまうと、こういうわけだ。

不要残留本能心意識という、現代人には不要な意識がある

だから結局、その生命を生かすために必要な働きを行わせようというのが、造物主のアイデアで、それでこの動物心並びに動物心意識を与えられたんだが、だがしかしそこで深甚な注意を促したいのは、これは大抵の人が気がついてないんだよ。

この動物心意識の中には、過去の人間の生存上には非常に必要なものであったけれど、現在の人間の生存に対しちゃ、さして必要でない、いや、必要でないというより、むしろあっちゃいけないような、価値のない欲念や情念が、そういうものが人によって一様ではないけれども、かなりたくさん、お互いの潜在意識の中に残留しているのであります。

もちろん、ご存じありませんよ。これは重大な事柄なんだ。

私なんか、残留がうんとあったために、どれだけこれはもう、悶えなくていいことを悶え、悩まなくていいことを悩んだかわからないって、過去に経験がある。

この残留心を、学問的な言葉にすると、不要残留本能心意識と、こう言うんだ。

これがおっかないんだよ。

これがおっかないのが、結局要するに、天風会が心身統一法を組織する、一番先決問題として、心の問題を、何よりも第一に取り上げたのは、これあるがためなんだ。

かりそめにも、心に対する正しい理解を持って、人生に生きようと思うものは、このことに深く注意する以上の自覚を、正しく知って、この不要残留本能心意識というものを、正しく整理しなきゃいけない。

整理しなきゃ。

あなた方は、自分が飲もうとするコップの中へ、何か汚《きたな》いものが入ってたら「どうせ縁があって入ったものだ、飲んじまえ」って飲むかい？

目に見えるところに、目に見えるべきじゃないものがあるときは、すぐ取り除こうとするだけの用意を心に持ちながら、わが心の中に、あっちゃいけない不要残留本能心意識が潜在意識の中に、残っているのも気がつかないで、残っておらしむるばかりに、いろいろくだらないことを思わすつもりない、考えさすつもりないのに、思ったり考えたりするということに気がつかないでいると、絶えずいろいろのよくない障害が、直接に、生きる生命の上に、ものの声に応ずるように、影響というよりも発生してくるという言葉に取り換えましょう。

そうすりゃ健康や運命なんてめちゃめちゃだ。ね。

だがこの重大なことを、多くの人々は気がついてないんだ。

気がついていないでもって柄《え》のないところに柄をつけて、

「おまえはそう言うけどもね、これ心配せずにいられるかってんだ。人のこっちゃねえよ、おれのことなんだから。これ心配しねえでおめえ、よっぽどとろい人間か、さもなきゃ神経の線がたるんでんだろ」

なんてなことを、平気で言う人がある。

中には腹立ててる人間をなだめたって、なだめるやつに食ってかかってるやつがあるね。

「これはおまえ、勘弁できる話か、勘弁できねえ話か、おまえがこの場面に立ったと思え」なんて、変な理屈を言う人がある。

なぜ煩悶が起こるのか？

あなた方の現在、何かなしの煩悶《はんもん》があったら、その煩悶を、ひとつ、ひいき目でなくお考えなさいよ。

大体人間の心に煩悶なんかが起こるてえのは、あり得べからざる事実なんだ。

猫や馬ならば、どう考えても考えられねえから煩悶するとも言えるかもしれないけど、ねえ、万物の霊長たる人間、心に煩悶があるとしたら、その煩悶は、この不要残留本能心意識が、心の中にあるがためだということを、気がつかなきゃいけないんです。

不要残留本能心意識が心の中になかったら、煩悶なんか起こりゃしねえ。わからないかな。

もうちょっと詳しく言おうか。

現代人の持つこの煩悶の大部分は、過去の人間の生存には必要としたけれど、現在の人間には必要としない、いわゆる不必要な欲望や不必要な情念が、今なお自分の心の中に残留しているのを、正しく整理していないために、それが折に触れ、ときに触れてやたらと実在意識領に飛び出してきて、暴れ回る。

それが結局煩悶て言うんだよ。いいかい。

心の中をぐちゃぐちゃーっともつれをつくっちまう。

だからもしも、今何かしらの煩悶を持っている人、煩悶のない人は、これはもう立派な心のきれいな人なんだから、何かなし、たとえわずかなことでも心の中に煩悶が、また煩悶のようなものが感じる人があるならば、それを冷静に、第三者の立場に立ったつもりで観察してごらん。

すると、それは自分の欲望なり、あるいは自分の感情情念が、満足するように満たされないために生じてきた心理現象だということ、すぐ気がつくから。

どんなあわて者だったって、思うこと考えることが、思うように考えるようになって煩悶するやつはないわね。

「いやにおめえ、沈んでるが、どうしたい」

「いや、沈むよ。ああなりてえと思いやああなるし、あれが欲しいと思いやすぐ来るし、これが食いてえと思いやすぐ食えるしよ。あんまり恵まれすぎてりゃ、これはおまえ、煩悶するがな」

なんてやつはいないでしょう。

「思うこと考えること、何ひとつとして思うようにならねえでよ、すべてがみんな向こうから食い違ってきやがるんで。

なんのために一体稼いでいるのか、働いてるのか、勉強してるのかわかりゃしねえ。

はあ、まこと人生、解すべからず。これをおまえ、悶えずにいられっか」

てなことになるからこそ、煩悶でしょう。そうでしょう。

それをよく考えてごらん。

それは、今までの人間には必要であったかもしれないけど、現在の人間には必要でないことを、必要であるかのごとく考えて、考えてるために、必要でないものは満たされないに決まってるから、その満たされないことをさらに煩悶にして、自分の心の中でいろいろこんがらかしてるのであります。

ヨーガ哲学が教える不要残留本能心意識

私は常にあなた方に、真人生に生きんと欲するなら、精神生命の生活態度を、能うかぎり、できるだけ積極的にしろと言ってるのは、この不要残留本能心意識というものが、油断をすると、ややともすると実在意識領へ飛び出してきて、飛び出してくるてえと、思わなくていいことを思ったり、思うべきことでないことを思ってみたり、考えるべきでないことを考えて、そしてあらもつれつくらなくてもいい心を苦しめ、悩ます恐れがあるからなんだ。ね。

インドにいるときに、ヨーガの哲学の中に、こういう教えのあったのを、先生に聞かされた。

「人間の心の中にはな、現在いなくてもいい動物が、檻《おり》の中に入れて飼われてるぞ。おまえなんか、随分余計飼ってるな」

おかしなこと言いやがるなと思ってね。

インド哲学、大抵そういうふうな、抽象的な形容詞を用いますけれども。

「少しでもその檻の監視を怠ると、すぐその動物が檻の中から飛び出してきて、汚してならない心の花園を荒らし回る。

おまえは現在、その動物におまえの心の花園が荒らし回されているんだ」

と、こう言われたことがある。

これがこの、今あなた方の耳に聞かせたばっかりの、本能心の、潜在意識の中に本能心の中に、本能心のことごとくがいけないんじゃないいんだから、役に立つもの以外の不要残留本能心意識が存在しているから、これがその、飼わなくてもいい動物を、檻に入れて飼っているというたとえで、私はヨーガの哲学でもって悟らせられたんですが。

実際、この残していちゃいけないものが残ってるてえと、そしてそれが適当に整理されないと、やたら実在意識に飛び出してくるんですよ。何か事あるたびごとに。

ちっと腹が痛んだら、ちょっと頭痛がしても、そうして人間を煩悶というくだらない、低級な心理現象に陥《おとしい》れちまう。

だからこれを完全に防ぐのには、第一にこの精神生命の生活態度を、あくまでも積極的にすることに努力しなきゃいけない。

そこへいくとあなた方は幸せだね。

観念要素の更改、積極心の養成、神経反射の調節というようなね、この積極的に心をつくり直す方法を知っているんだもの。

知っててもやらなきゃ何もならないけども。

しかしね、怠っている人に私は忠告したいが、多く言うまでもなく、この進化の原則に順応《じゅんのう》しなきゃならない人類は、いったんこういう真理を知った以上は、どんなことがあっても、進化に逆転するようなことをしちゃいけないんだよ。

怠るってことは、結局進化に逆転しちゃうことになる。

ところが、大抵の人がですね、言われてみりゃすぐわかる、こういう大切なことを、どうも全然知らないから考えないんでしょう。

漫然としてたらもう、生きてられるから生きてるという、いつもえげつなく言う、空気の圧迫でついでに生きているような生き方してる人が多いんだ。

危なかったな、あなた方もその仲間の一人だったんだからなあ。

だからそういう人てえものは、心というものを少しも考えやしません。

こういうときにこういう具合に、たとえ悲しくても悲しんじゃいけないんだなということは考えない。

「悲しいことを悲しむのが当たり前の人間じゃねえか。悲しいときにも悲しくねえなんて言ったら正気じゃないだろう」なんて。

間違ってる目から見れば、間違いでないもののほうが間違って見えますからね。

理性心意識とは何か？

さあそれで、ここまでわかったら、それから次は、精神生命のほうに属している、理性心意識と霊性心意識を、大切なこったから、念入りに説きたいと思うが。

理性心意識は理性心から発動するもの。

その理性心意識の働きは、諸々の善悪、邪正《じゃせい》、曲直《きょくちょく》、理非というものを判断したり、あるいはそれに因果関係や推移過程を推理的に考えながら、自分の論理思索を進めていくという、極めて重要な作用を受け持っているのであります。

けれども、この重要な作用があるところが、人間が万物に霊長たる点ではあるとは言うものの、ところがここに注意すべき重大なことが一つある。

それは何かと言うてえと、この意識が今言ったような尊い作用を行うという面だけを見て、人事の一切の、なんでもかんでもすべてを、この意識に任せて生きるのが最も正しいように、かつ安全だというふうに思っちまうと、大変なことが起こっちまうんであります。

ところがそう思っている人が今の世の中に多いんだから。

親が子どもに小言言うときでもね、先生が生徒をしつけるときでも、いやいや、もっと極端に言うと、一番大事な人間の生命を、よろしいか、その研究の対象としている医学者でも、理性の判断だけでもって、自分の天職を完全に遂行し得るもののように考えている人が多いんであります。

これは毎年開かれる医学大会の、いわゆるえらいという医者どもが、講演したり、あるいは提供するところのデータを見てみりゃすぐわかるんだ。ただもう、理屈だけでもって、その考え方が立派だというものは、これが真理だと、こういうふうに考えちゃっているんだ。

私、言いましたね。

この世の中を過《あやま》つものは、理屈一方に固まっていて、頭が非常に細かく働くやつが、一番危険だと。

大東亜戦争《だいとうあせんそう》がそうでしょう。

あれはボンクラが企《くわだ》てた戦《いくさ》じゃないものね。

陸軍大学校や海軍大学校の中の、いわゆる軍刀組《ぐんとうぐみ》、非常に成績がいい人間たちから考えられた目論見《もくろみ》が、あの戦争になったんだから。

数千年前に秦《しん》の始皇帝《しこうてい》が、学者をひとまとめにしてみんな釜ゆでにしたのも、結局「学者必ず世を過つ」という点からだ。

ここに集まっている人間の中でも、相当理屈を細かく考え得る人間が、一番煩悶も悩みも多いんですよ。

何も考える能力のねえ人間はポーッとしてますから、煩悶も何もありゃしませんよ。

神経衰弱だとか、ノイローゼというものは、理性階級に多いんであります。

それを考えないで、この理性心だけに一切を任せることが一番、文化民族として正しい人生の生き方だというふうに思う考え方だ。

これはもう絶対に、正当の断定じゃないんですよ。

それを説明しましょう。

どうもそういうふうに思っている人が多いから。特にこの、大学出た人なんか、みんな一様にそう思ってるから。

なるほど、この理性心意識という意識は、理知の教養と経験の累積ということで、非常にその働きが向上します。

人生のあらゆる方面に、種々有益な結果を与えてくれるには相違ない。

それは確かに、そうであります。

ですからこの事実だけを考えてみると、理性本位の生活こそ、無上のもののように思えるかもしれませんけど、しかし、その反面に、この意識があるばかりに、人間に理知的煩悶という、肉体に生ずる煩悶よりももっと度《ど》しがたい、複雑な心理現象が生じてきて、そうして万物の霊長たる人間の毎日の生活を、極度に苦しめるということを考えるとき、この意識のみに人生の一切を任すべきでないと気がつかなきゃいけないんであります。

私は自分で気がつきましたよ。

ああ、おれがこんなに煩悶してるのも、結局医学というものを研究して、それで得た知識がおれをこうしちゃったんだということに気がついた。

あのエマニュエル・カントという人の教えの中に、こういうのがあるね。

「人生というものは、心に悶えのないときが本当のユートピアなんだ」

金でもなきゃ、地位でもない。何もなくても、心に何の欲望も起こらず、ただあるがままに。欲望も起こらなきゃ満たされない不平も起こりゃしないもの。そのまま、そのままを現在感謝で生きている人が一番の幸福なんだ。

これは考えてみよう。

この理性心意識の本源たる理性心は、常に進歩的で発達してる。従ってその判断が、決して永久的に不変的なものじゃないんですから、ねえ。

きょう善だと思うことが、明日悪になることがしばしばあります。きのうまで悪いと思ったことが、きょう反対に善であるというふうになるでしょう。

たとえば、大東亜戦争の終わる日までは、曾我《そが》兄弟や忠臣蔵なんてものは、ばかにこういい、人間の美談のように思ってたね。

「君父の讐《あだ》、倶《とも》に天を戴かず」

「うらみはらさでおくべきか」

というようなことをして、仇《かたき》を討ったことが非常に美事、善事だと思ってたんだ。われわれの少年時代には。

よく考えてみると、一人のもうろく親父《おやじ》を討つのに、四十七人の人間が結託して、夜中、ねえ、寝静まってるところへ乱入してからに、それを殺しちゃって、これがもう、忠臣蔵とはどういうわけで言ったかということを考えてみりゃすぐわかるのを、とってもいいように思ったんだ。

そう言われてもまだいいと思って、顔見世《かおみせ》に忠臣蔵がねえと芝居観たような気持ちがしないなんてえな、とぼけた時代遅れの思想持っている人もあるでしょうけど。

一人の人間の恨みを引き受けて、そうしてその恨みに心意を燃やしてからに、自分の親父を殺されたから、こんちくしょうも殺しちまえ。

そんな考え方を永久に持ったら、ちゅうちゅうたこかいな、いつまでたったって仇討ちやめなくなっちまいますわね。

今日《こんにち》、そんなことはばかばかしいってなことになったろう。

今頃、忠臣蔵や曾我兄弟を浪花節《なにわぶし》でやったって、行く者ありゃしませんわ。

善悪を判断するとき、最も妥当な態度とは

ものごとの善悪を判断するのは、いつも時代の進化に伴って変化、変転している理性で、いや倫理がどうの、道徳がどうのと、こう言うんだ。

甚《はなは》だしい人になると、自己の利害関係を標準としてものごとを判断する人がある。

今の判断なんてのは、利害関係が中心ですもんね。

私は断固として、そうした考え方でものごとの善悪を批判するということは、決して正当なやり方ではないと、声高らかに申し上げておきます。

狂った物差しで、正当な長さを測ろうとするのと同様だもの、これは。そうだろう。

そう言ってもなおかつわからない人は、よっぽどわからず屋なんだ。

わからず屋が考えてりゃ、わからねえことはどこまで行ってもわかりませんわ。

しかし、わからせずに帰しちゃすまねえから、もう少しわかってもらおう。

なるほど、このね、倫理、道徳というものからまず考えてみましょう。

倫理、道徳。

倫理、道徳というと、いかにも立派に聞こえます。それで同時に、何か絶対的な真理のように聞こえますけれども、この倫理、道徳というものの中には、天理でつくったものと、よろしいか、それから人間のつくったものと二色《ふたいろ》ある。

そしてしかも、われわれがやたらに口で、倫理だ、道徳だと言ってるものには、人間のつくったもののほうが多いんであります。

この人間のつくった倫理、道徳というやつは、常に時代の推移に伴《ともの》うて変化します。

たとえば、二千年のその昔は、男も女も七つ以上になったら同じ席にいちゃいけないというのが、倫理、道徳だった。

「男女七歳にして席を同じゅうせず」

今ここにもしも、孔子様が出てきてみたら、

「なんじゃこの天風会というのは。もう七つ以上の男と女が、あれあれ、あそこじゃ手を握り合ってるわ。こっちじゃ隣に肩くっつけてるわ」

って、きっと言うに違いない。

それから、つい先頃まで、特にこれも日本にあった傾向で、今はなくなりましたけれども、女を人間扱いしてなかったという事実を、女の人は気がついていないかい。

何か男同士の話のときに、女が口を出すてえと、

「女は黙ってろ。女、子どもの口をさしはさむことではない」とかってね。

武士の大刀を女が持つてえと「汚《けが》れる！」とこう言ったんだ。

汚れる女のとこへ毎晩行って乗っかってやがる。何もなんねえじゃねえか、これ。

だから倫理、道徳ぐらい当てにならないものはないんです。

それをただ一概に、倫理、道徳の上から考えてみて、なんて言って、人間の生存の都合上でつくったものをも、善悪の判断の中へごちゃごちゃに入れちまうてえことは、くそもみそも一緒にしたことになっちまう。

この倫理、道徳ということのみを標準としたのでは、正当な決定を得られない場合が多いということは、考えなきゃいけない。

さなきだに感情などでうんぬんしたんじゃ、断然ゼロです。

加えるに、人間の生存の都合でつくった倫理、道徳は、もうしょっちゅう批判点が変化するんだから、きのうまでよかったことがきょういけない。きょういけないと思ったら明日よくなるんだから。ね。

もう少し細かく話しゃ、人を殺すということは現在の世の中じゃ法律上ばかりでなく、理性で考えても、倫理、道徳という点から言っても全く悪いことであります。

しかし、昔、個人個人が、自己を防衛していかなきゃならないという法治国家でなかった以前の人間は、人を殺すことは別に罪じゃなかったんだ。

ましていわんや、武士階級が町人を殺すときは、犬を殺すと同じような決まりで「無礼、直れ、手打ちにいたしたる」とこうするんだもの。

今、そういうことしてからに、あの人は立派なことをしたという人、ないじゃないか。ねえ。

しかし、現在この文化の時代に、個人同士の人殺しは悪事でも、国と国との戦争の中じゃ、悪事どころかかえって手柄になってるじゃねえか。

人一人の生命存在、誠に尊いかなと言ってるキリスト教のほうで、そのキリスト教を信仰している国の人間が、十万人殺しちゃったじゃねえか、広島で。

あの罪は一体だれが背負うべきかだ。ね。

私は思う。

やがて時代の進化に伴うて、今日《こんにち》個人の殺人を悪と考えると同様に、国と国とが何か意思の疎通を欠いて戦争という状態になっても、人を殺す戦《いくさ》はしないだろうという時代が来るだろう。そうならなきゃ駄目だね。

特設リングか何か設けて、その国の一番の利口なやつが、そういうときはおれが、一番先に選手に出てって、そうしてお互いに、正しい真理を論議し合って、そしてその勝負を決すると。ピカドンなんてのはよくないじゃないか、あんなのは。

さあ、こういう点から論じると、ものごとの善悪というものは、ある時代には善であろうとも、ある時代には悪であると同様に、常にこの暫間《ざんかん》的で、永久的でなく、変化的だということを考えなきゃいけねえよ。

霊性心意識、人間の心の中の最高のものについて

それから次が、いよいよお待ちかねの霊性心意識だが、これは霊性心から発生する意識で、人間の心の中の最高なものなんだ。

もっと厳格に言うと、人間がこの意識に、要するに恵まれておりゃこそ、万物の霊長たる資格がある。

だからこの霊性心意識を発動することを知らずに生きている人は、形だけの人間。ね。

造物主は、全く不思議と言おうか、奇跡と言おうか、推《お》し量ることができないその崇高なるア

イデアの下に、万物の霊長という人間をつくられた。

その一番の目的は、人間よ、他の動物とおまえたちは、真理の上において、価値の上において違う。おまえたちの人生はすべからく、最高級の、おまえたちだけしか持っていない霊性心意識に任せて生きよという、このお示しでこの心意識をくだされたものと、私は断固として信念するんであります。

それは私が四十年来、この心にお任せして、きょうまで生き延びてきている、数々の尊い実際的の経験の上から、私は断言します。

こうやって毎日、毎日、あなた方に説いているこうしたお話も、学問の上から得た知識じゃありません。

学問の上でこんなことを教えている学問、ありますか。

見りゃ見るほど、読めば読むほど訳のわからないことを、考えさせられるような文句で書いてある。

人生の消息はもう、世界に山積むくらいありましょうけども、こんなわかりやすい、常識的な通俗的な説明でもって、人生を説いている人がいないからこそ、私が非常に、あなた方に憧憬《どうけい》を感じられているんでしょうけれども、その極めて通俗的な理解を与えられるということは、これは天風の要するに力だと思ったら大違いですよ。天風の心の中にある霊性心意識の力なんだ。

こうやってあなた方にお話をしながらもね、

「ああ、あそこはうまくいったな、不思議なほどスルスル、おだまきの糸を繰るがごとく出てきたな」

と、自分で自分の言ってる説明に感激することがあるんですよ。

もう四十年以上ですが、この意識に一任した人生に生きてます。

ですからもう、実に安全なんて言葉じゃ形容できないですよ。もう朝から晩まで、恵まれ通しだって言っていいような人生に生きてる。

ところが、現代のこの世の中にいる心理学者や精神哲学者は、一般的の精神現象や、精神活動に関しては、かなり深い研究を施《ほどこ》しているんですけれども、どうもこの、霊性心意識に関しては大した研究意識を持ってません。

なぜかと言うと、出ないからなんです。

出ないもんだから、これは何か非常に高嶺《たかね》の花のように手の届かないところにあるもんだというふうに考えちゃっていて、特別な修行か何かをしないと、この意識の発現には成功しないというふうに説いている。

これは大違いなんであります。

私、あなた方に教えている方法は、もしもこれを天風会以外の人間であったら、難行《なんぎょう》苦行《くぎょう》しないと悟れないことばかりですよ。それをあなた方は一つも難行苦行させてないだろ、私。へらへら笑いながら、聞いてるうちにふーっと悟りがひらけてくるじゃないか。

自分じゃ気がついてないんだよ。聞いてる間に、ときどきふっ、ふっとこの霊性心意識に、私の言葉がふーっと飛び込んでいくことによって、あなた方「ああ、そうだ」。

そのときに気がつかなくても、こうやって聞いていているうちには、訳がわからないようであったろうとも、後日、健康難なり運命難なり、あるいはその他の何か突発的な人生に、ひょいとね、出くわしたときに、そしてそのことが解決されたあと「ああ、やっぱりわからないつもりで聞いてたのがわかってたんだな」と思うような喜びに、心が小躍《こおど》りすること、ありゃしない？

まだそれほどの感激を感じない人もあるかもしれないけど、そういう感激を感じると、本当の喜びの感激の涙というものが出てくるものです。

第一に必要な理解と心得とは、この霊性心意識というものは、よろしいか、だれにでも出すようにしてやりゃ必ず出てくるもんだってえことを、信念なさい。

私は学問がないから、経験がないから、あるいは悟りがひらけてないから、ていうようなことを言う必要はないんであります。

悟りがひらけていなかろうと、学問がなかろうと、出すようにしてやりゃ、出てくるに決まってる、これは。

特別な心なんであります。

霊性心意識はどうすれば発現させられるのか

じゃ、どういうふうな状態になりゃ出てくるか。

なんら雑念妄念のない、いわゆる純一無雑《じゅんいつむざつ》の状態に心がなりさえすれば、もっとわかりやすく言えば、塵《ちり》一点の曇りのない、磨き立ての真珠のような美しい心になりさえすれば、すーっと実在意識領へ、求めずとても出てくるのが霊感なんだ。

だから、こういう話を聞いても、どうも一向出てこないという人は、結局要するに、雑念妄念があるからなんだ。

きょう、日本でも有名な女のお着物のデザイナーの三浦景生《みうらかげお》（京都出身の染色家）さんがあそこに来てますね。

あの人が天風会の京都の集まりに来たときに、うちの娘が、別にこれ、試すつもりで言ったんでもなけりゃ、なんでもない、やっぱり娘の霊感でしょう。娘が、

「三浦先生、これならば私が気に入るというものを描いてください」

これには三浦さん、困っちゃったんであります。

それは普通の人間だったら困りますよ。

名も無き人間ならともかくも、多少なりとも人に名を知られた者が、そういうことを言われたときに、うかつなものが描けますか。うかつなものは描けないという感じのほうが先に出てきま

すわ。

いや、何よりも一番困った問題です。

そのとき三浦さんは言葉を濁《にご》して娘の前から立ち去ったのを、私は見てて「困ったこと言うんじゃないよ」と娘にそう言った。

きょう来ても、三浦さんは非常に困られておられたから、私、きょうのお話を聞きなさいって、三浦さんに言ったよ、控え室で。

三浦さんが、なんの雑念もなきゃ、妄念もない、うまいもの描かなきゃいけねえだろうとか、変なもの描いたらおれの恥になるだろう、とかというようなことを考えないで描いたらもう、立派なものが描けますわ。

笑えない実際の話で、これも橋田さん（歯科医）とのきょうの話で、この人間の歯を立派につくれば銭儲《もう》けできるぞ、と思うようなつもりでこしらえた歯には、ろくな歯ができない。これは確かにそうです。

つまり、執着は雑念と妄念になる。ね。

純一無雑の心から出たものが、いわゆる昔で言う、名人の作なんて言われるものなんだ。

だから、この意識を本位として生きる人間にならなきゃいけない。またなれるような教えを教えてるんだから、ならなきゃいけないというわけだ。

だから絶えず入念に、第一に潜在意識領を整理整頓して、かりそめにも雑念妄念を実在意識領に頻発《ひんぱつ》せしめないようにしなきゃ駄目だよ。

断然出てこないってことは、ないんだよ。生きてる以上は。

ただ頻発させないように。浅間山《あさまやま》の煙のごとくね。

雑念妄念を頻発せしめてると、こりゃもう、霊感という特別な意識が出ようにも出られやしねえもの。

とおせんぼしてるのと同じこった。

だから雑念妄念のない人間になろうと思ったら、常に「観念要素の更改」に努力すると同時に、「積極観念の養成」をまた一生懸命注意してやって、そして「神経反射の調節」もまた入念に実行しなきゃ。

特にこの積極観念の養成法というやつは、箇条書きが多いからね。

ふっとこう忘れちまうんですよ。

第一番に内省検討《ないせいけんとう》なんてことが、あとから気がついてるやつがある。

もっとも気がつかずにそのまま間違ったことを考えっぱなしにするやつがあるけど、内省検討は、自分の現在思っていること、考えていることが、果たして積極的か、正しいか、尊いか、清いか、強いか。

少しでもその反対であったら、それは積極的ではないぞと。

一歩退いて自分の心の思い方、考え方を静かに考える。これが内省検討だと教わったね。

それから特に第二に恐ろしいのは、暗示の分析だったな。

その言葉や文字から、自分の心がふっと同化的に誘惑を感じたとき、これはいいことか、悪いことかということを、判断しなきゃいけないよ。

雑念や妄念を減らす方法

とにかく教えられた各種の方法を、一生懸命実行することですよ。

そうすりゃ雑念妄念は、いつかだんだん、だんだん、心の中に頻発しなくなる。

それと同時に、非常に効果のある特別の方法を教えるから、覚えておいて実行してごらん。

それはね、一日のうちに、何も寝がけとばかりに限らない。基本的にあるんだから、一日のうちに、電車の中やバスの中で、どんなに忙しい人だって、あの中まで働いてるやつはねえだろうな。

そういうときに、特に意識的に、積極的の事柄のみを想像し、思念するということをやるんですよ。

これを連想行《れんそうぎょう》とか、あるいは想定行《そうていぎょう》と言います。

ちょうど今やってることの反対をやりゃいいんだ、あなた方が。連想行、あるいは想定行。同じものだ。

今言ったとおり、現在やっている反対をやりゃいいんだよ、現在やっている。現在何気なしに考えてるね、あれをくるっとひっくり返して、思や思うほど、考えりゃ考えるほど、心が積極的になることを。わかる？

人生を明るく朗《ほが》らかに感じるようなことのみを、心に思念する。

これは寝がけのときの観念要素の更改法と、相呼応して、潜在意識の整理整頓に、非常に正確な効果を与えてくれます。そして霊性心意識の発動を促進する現実の実際的効果があるから。

だから今までの反対にやりゃいいんだから、難しさはねえやな。今まで何も考えずにいた人間に、考えろって言ったら難しいけどね。

自分でも愛想の尽きるほど、くだらねえ勝手なことを考えてるだろう。そいつを今度は、今言ったとおり、もう考えりゃ考えるほど、明るく朗らかにさわやかに、もう気持ちの良くなることだけ考えるんだ。

いいかい。

この方法をわかりやすく言うとね、ときどき部屋の中を掃除すると同様だ。

潜在意識領がいつも麗《うるわ》しい状態でおられるようになるんだ。訳ないだろ。難しいことじゃねえもの。ちょいと顔貸してくれって言う必要も何もないんだから。

つまり、実在意識領を、垢《あか》、汚《よご》れで汚くしないように掃除をしていることなんだ。

これを、仏教のほうじゃ「時々に払拭《ふっしき》して、塵埃《じんあい》をとどましむるなかれ」と言ってますね。

心の鏡をときどきふいたり拭《ぬぐ》ったりしてからに、塵埃をためないようにしてやれという言葉と同じなんだ、こりゃ。ね。

複雑かつ難しい問題が生じたときの考え方

それからもう一つ教えてあげる。

何かこう、常識や理性でもって判断、解決のできないような、複雑な問題の生じたときだ。これはありますよ、ときどきね。どうすりゃいいのかしらんと思ってね。

そういうときこそ、当然この霊性心意識を発現せしめなきゃならない、必要なときなんだ。だからそういうときに、効果のある方法を、これから教えてあげるからね。

教えながらも、ニワトリにダイヤモンドになりゃしないかと思いながら教えてるんだが、一人でもいいから実行してごらん。

第一に必要な心得は、そういうとき、いたずらに実在意識で、ああもこうもと、とやかく思考するのをおやめなさい。

それが一番いけないんだ。「下手な考え休むに似たり」。ね。

そういうことをやってると、ただいたずらに、実在意識を使用せしめるだけで、極めてこれは愚かなやり方であります。

それよりも最も必要なことは、その事柄から思い切って、心をできるだけ引き離してしまうんだ。

これができないんですよ、普通の人に。

考えなきゃならない問題を考えるなっていうんですからね。

霊感の発現には、執着解脱《げだつ》ということが先決に必要だと、さっきもそう言ったろうが。

だからその手段として、私は鏡を応用して、昔はやったものです。もう今はそんなことをする必要はありませんから、右から左に霊感が出てきますが。

鏡をね、自己暗示法の夜にやるのと同じように。

そして鏡をじっと見て眉間《みけん》のところ見て、

「今、こういう問題でおれは迷ってるんだ。はっきりした断案《だんあん》（ある事柄について最終的に決定された考え、方法）を考えろ！」

これでもう、一切もう関係しないことだ。

これもちょっと最初のうちは難しかったですがね。

考えろと言っておくと同時にまた考えてる、てなことはよくあったんだけど。それがだんだんなくなっちまいやしたよ。

つまり、いったんそういう自己暗示を行ったらば、その事柄以外のほうに心を向けていきゃ、すぐ心機転換《しんきてんかん》できる。

今もう、ちょこちょこ、テレビがあったり、ラジオがあったりするんだから、パッと自己暗示をしといて、パッと面白いテレビを見るとか、面白いラジオを聞いてりゃいい。

これはただ単にそういう場合でなくね、これは古い会員はよく知ってますがね、昭和十五年ぐらいまで、ときどき私、激しい眩暈《げんうん》（めまいのこと）が来るんです。

講演中は不思議と来ないんですよ。

客なんか来てて話をしているうちに、クラクラッと目が回ってくる。

そうすると、慣れている人は知ってますけど、慣れない人には、

「今からちょっと目を回すから、十分ばかり黙っててくださいね」

「目が回るんですか？」と言うから、

「黙ってろ。おい、ラジオかけろ」

そして私、柱に寄りかかりながらラジオを聞いてる。

めまいのほうも考えない。そうすると、スーッと治ってくる。

それもインドにいるときから心機転換によって病は治るということをもう、実際的に修行してきてますから。

なんでもそうなんだよ。

ただ単に病ばかりでなく、あらゆるすべてのことが、その事柄から心が離れちまうと、新しい考え方ができるに決まってるんだから。

あの修練会をやった人は、安定打坐《あんじょうたざ》（天風式座禅法）を行えば簡単に、ふーっと心は向きを変えるだろう。

安定打坐法を知らない人は、今言ったとおり、自分の興味を感ずるほうに、自分の注意を振り替えりゃいいんだ。

とにかくこうすることによって、実在意識領に霊感が発現してくるんですから、不思議じゃねえか。

いつでも心機転換ができるようになるための秘訣

ところが、こういう大切な消息を知らない人は、絶えず執着をより一層入念にして、その事柄を瞬時も念頭から離さない。

ましてや心配したり、悩んだりしたんじゃ、前にも言うとおり、実在意識をやたらに混乱せしめるだけで、霊感の発現なんてものは全然そりゃ、望んでも得られやしませんわ。

だって満員のアパート行ってからに、楽に寝ようとするのと同じじゃねえか。ねえ。

畢竟《ひっきょう》、霊性心意識が発動したくとも、発動しないような状態にストップかけちまうから駄目なんですよ。

だから今教えたこの方法は、霊性心意識を実在意識領に発現せしめやすいようにしてやる方法。

ただ、初心の間は、執着心が盛んに燃えますからね。

考えまいとすると、考えまいとするほうに考えがいっちまうから。即座になかなか、心機の転換ができにくいことが多い。

そういうときは、あの鏡を応用する自己暗示法を何遍も、しばしば繰り返しなさい。あれ、鏡に顔を映してこうやって見てるてえとね、それだけでも心機転換がしやすくなるんですから。

人間の観念は、一時に二個は成立しないようにできてるから、一方に観念がフッと集中されると、こっちに戻らない限りには、こっちには戻らないんだから。戻すからいけないんだから。戻さないどころか、あなた方のほうは大体頭から戻る気がない。それにくっついちゃってるものね。

こう考えて、今度はこれを考えなきゃならない、今だってこう考えてるだろ。

今度はこれを考えなきゃ駄目なのに、これを考えてる。駄目だよ、それじゃ。

とにかく、厳格な意味から言えば、自己暗示法は信念さえ強固であれば、鏡なんかも一度見ただけでもって、もう心機は転換するに決まってるんですから。

信念が薄弱だというてえと、なかなか一遍じゃ心機転換できないから、そこで毎晩、寝がけにねえ、

「おまえ信念強くなる」

というふうに暗示をつけてお寝んなさいというのは、これあるがためなんだ。

まあ、いずれにしても、こうした方法というものは、やればやるほど、できやすくなる。

習慣性能という特別な性能が人間の心にあるからなんだ。ね。

そうするともう、回数を重ねる間に、何遍失敗してても、失敗してでもなおかつやってると、しまいに上達して、ふっとこの秘訣を会得することになります。パッと心機転換の。

そうして、文字で言うべからず、口で説明することもできない、あのナック（knack＝要領、コツ）というものを会得すると、何事に対しても、今までのように、肉性意識や理性意識のみを発動せしめて、いたずらに正しい判断を得ずに、苦しむ無駄なことはしないで、咄嗟刹那《とっさせつな》、一切の事物を即座に霊性意識という、真理を映してくれる明るい鏡に照らして、それを見ると同じように、正確に判断が心にツーッてきますからね。

私には随分難しい問題を相談に来るんであります。

相談に来たとき私、

「ちょいと待て、おれはそんなこと今まで考えたこともないし、経験したこともないから、二、三日考えさせてくれ」なんて言ったことはないでしょう。

右から左向く前に、私はイエス、ノーを言うじゃありませんか。ねえ。

つまり、心に何も私は借金がないもの。

あなた方はもう、返す当てもねえのに、心に借金こしらえちまうからいけねえ。

だから「虚心淡々《きょしんたんたん》として余裕綽々《よゆうしゃくしゃく》」なんて言葉は知ってても、なかなかもって、あなた方の心の中は、余裕どころかもう、なんとも言えない、水鳥の足にひまなき状態で、上から見るとぼんやりしてるようだけどね。

とにかく人生に、悠々自若《ゆうゆうじじゃく》として終始することのできるような、心の持ち方が、生まれながら、つくろうと思ったらつくれるようにできてる人間に生まれてきてるんだからね。

それが安心立命の一番の真髄なんだ。ね。

霊感を発現できる人間になってしまいなさい

どうです、こういうことを考えてみると「よくぞ我、天風会員となりにけるかも」と思わない？

こんな難しいことを、こんなにやさしく教えてくれる人、恩に着せてるわけじゃないけれども、やっぱり、よっぽど前世、あなた方がいいことをしたんだよ。

だからとにかく今までは、いたずらに脳みそを疲れさせるだけで、下手な考え休むに似たりを、あっち行ったり、こっち行ったりでうろちょろ組でいたのが、今度はこういう話を聞いたら「ああ、そうか」と気がついたでしょうから。

だから、自分でどうしても霊感が出ないというような事柄、ある事柄に直面して、「どうしていいんだかわからねえ。けど、天風先生に教わったように、考えまいと思ってもどうしても考えずにいられねえな、困っちゃったな」

と思うようなときは、文明の利器の電話てえもんがあるからね、私はどこにいようとも、電話が通じるところにいますから、電話の通じない山の中にはいやしないんだから。

私にでも会の役員にでも電話をかけて、

「今こういう問題に直面して困ってるんですが」

というときに、おまえ一人で考えられることできねえか、というときに私が考えてあげますから。

しかし、大抵私はね、

「このくらいのことはおまえ、考えられるよ」

って考えさせてる場合が多いんです。

きょう、来てるか来てないか知らないけども、小泉君が、戦争後間もなく、外地から引き揚げてきて、それで商売して、もう、急転直下、大辛《おおがら》を食っちゃったんだ。夜逃げをしようか、首くろうかって。そして私に相談に来た。

「おまえ、何年に入った」

「昭和の十年」

「修練会、何遍やった」

「十遍以上やった」

「そしたらこのくらいのこと、自分で考えろ、ばかやろ。こんなたやすい問題をおれに相談に来るやつがあるか。おまえがきのうきょう入った会員なら、おれが考えてやるけど、古参の会員じゃねえか。自分の霊感試せ」

「はい」

言ったときにね、いつか日曜行修会かなんかで小泉君が話したらしいけど、なんて薄情な、冷たい天風先生だと思ったって。

もうほんとに帰りがけに「くそくらえ、あの天風野郎」とこう思ったってんだ。杖《つえ》とも柱とも頼んで行ったのに、けんもほろろに挨拶しやがって、ほんとにもう、ざまあみやがれと思って、カッカしちゃったわけだ。

カッカするほうに心機が転換しちゃったんだね。

今度、本人に聞いてみろ。二、三日たったら、ファーッて次から次やったとおりにやったら、今度は成功しちまいやがった。

今度はさあ、恨んだことがすべて逆さになっちゃって、まあほんとに悪かったと、後悔の手紙を私によこして。

とにかくあなた方は、つまらないことを親切にその自分の心に鳥もちくっつけたようにしちまうからいけねえ。

もっとはっきり言っちまおうか。

あんまり要《い》らないことを考えすぎますよ、あなた方。

頭がいいせいかどうか知らねえけども。

だからこう膝つき合わせちゃあなた方と話をすると、まあなんてこの人は、いろんな、しかもくだらねえこと知ってるんだろうと思うね。

話すこと聞いてるうちに、つまんねえことを麗々《れいれい》しい顔してやってるけれども、これ、なんのくその役にも立たないと思うようなことだ。

面と向かって話すと、私はもうね、先生ぐらい無愛想で愛嬌のない人間はないと言いますけど、話すことがねえもの、あなた方に。あなた方の話を聞いてるほうが、はるかにただでもってね、面白いがな。人間の仲間にもこんなのがいるかいなと思って。

まあとにかく、いつでも必要に応じて、人間だけに与えられたこの霊性心意識という尊いものが、呼び出されるようにできてるんですから、きょう教えられた方法を実行しさえすりゃ。

難しくないでしょう。

こっちに向けられた心をこっちに振り向けること、一生懸命練習すりゃいいんだもの。ねえ。

それはおそらくこういう話を、前から聞いてる人でないと、こういう話をあなた方が、よしんばきょう、これは喜んで悟った気分になってからに、天風会を知らない人に話をするてえと、注目されるよ。

「あんた何に一体全体、それ、かぶれたんです？　新興宗教ですか？」

ってきっと言うから。

まあとにかく随時随所、霊感の発現のできる、尊い人間におなんなさい。

それが真人だもの。

一日も早くおなんなさい。なれるんだから。ねえ。

そうすると「ああ、よくぞ人間に生まれた。そしてよくぞ天風先生のお弟子になった」と、きっと喜びに、あなた方の心は、さあもう、高鳴るぜ。

きょうの教えのできたのが、ヨーガの哲学のウパニシャッドの中に、こういうのがある。

ここから私が気がついた。やさしい英語ですから。二度繰り返しましょう。

A solemnly cultivated will、修養してつくり上げられている心はってこったね。

A solemnly cultivated will is that which can truly save us. それがなんでも自分たちを、ほんとに、ほんとに救ってくれる。

And if we are not saved in this sense、もしもそういう救ってくれる働きの心が人間になければ、
we must certainly be damned. 人間なんてのは地獄の底へ落っこっちまうことになりゃしねえか。

これは反対語です。決してそうならないから、この力を発現せしめろ、ということなんです。

A solemnly cultivated will is that which can truly save us. And if we are not saved in this sense, we must certainly be damned.

こうわかったら、今まで危なかった、知らずに自分を地獄の底に陥れるような人生に生きていながら、それが正しい人生に生きる生き方のように考えた考え違いを、訂正しましょう。

大変長くかかりましたけれども、年越しのご餞別《せんべつ》としては非常に貴重な価値があったと思います。じゃ、元気でいっぱい、来年またお目に掛かります。

第六章

本能に打ち克つ人が幸福になる

昭和三十九年（一九六四年）一月

京都

誤った人生観で生きている現代人

さて、今晩の演題は、「自己陶冶《じことうや》と潜在意識」（陶冶――性質や能力を鍛え育てること）。極めて正しく人間生活を行おうとする者の、ぜひとも知っておかなきゃならない、大切な消息であります。

ところがこの、大切なことを、大切だと考えていないのが現代人なんです。

現代の人々は、この人生の惰性《だせい》に押されて、そのまま生きている生き方が、何かこう人間としての当然の生き方のように考えている。

本来から言ったら、文化の進まなかった時代の人間よりは、文化のこれだけ進んでいる現代の人間のほうが、こういうことはもう、だれに言われなくても、ひとりでに気づいておるべきはずの、大事な消息なんですが。

物質文化のほうだけが進んで、精神文化が遅れている関係上か、物質文化が進めば進むほど、隔《へだ》たりが精神文化との間につく加減か、むしろ精神方面のことに関する限りは、時代に逆転してるんじゃないかと思うような形跡があるんであります。

ですからこのまんま、物質文化がもう行き詰まりが見えちゃいますけれども、このまんまで行き詰まりがまだほど遠い将来にあるとしたらば、文化の進むに従って、人間の精神状態はますます劣悪化していきゃしないかと思うような多少の懸念もあるんですが。

それも、人間のこの世に生まれて、幸福になりたいとか、もっと人らしい成功をしてみたいとかいうような欲望がなきゃ、あにあえて何をかいわんやです。けど、現在よりもっとましな、健康的にも運命的にも、プラスの多い人生で生きたいなと思う人なら、まずそれを正しく現実化するのに、一番必要なこの自己陶冶ということを、気がつかなきゃならないんですが、なにゆえだと言いたいくらい、このくらいのことを少しも気がついてない人が多い。

これはもう、今の世の中の生きている人々の状態を見れば、そういうことが決して軽率な断言でないということは、あなた方も既に気づいているだろうと思うけども。

この自己陶冶が完全にできない人ほど、健康や運命というものを立派な状態にして生きていけないという結果をつくっちまう。

だから、自己陶冶、いわゆるSelf-cultivationというものが、健康や運命や、いえいえ一切の人間としての存在を確保する、直接的なものなんですよ。

そういう直接的なものを考えないで、末梢《まっしょう》ばかり考えるというのが現代人の要するに、これははなはだ誤られている人生観だと言わなければならない。

自分を磨き上げよう、研ぎ上げようという気持ちで生きているか

根本を考えないで末梢ばかりを考える考え方はね、たとえば、きれいな花を見て「ああ、きれ

いだな」と花ばかり見て感心している人は、元を考えない人だ。

きれいな花を見たとたんに、

「こんなきれいな花を咲かせる、この草なり、あるいは木なりの、根はどんな根だろう」

と、こう考えたら、これはほんとの見方をしてる人ですけどもね。

けどもう、大抵の人は花を見りゃ花だけです。

人生を考えるときは、人生のただ現在あるがままの状態だけを、自分の注意のポイントにして、現在のかくある状態が、一体どういうところから、その原因が出ているかなんていうことは、考えたってわからないから考えないいんだという言葉で弁解してますわ。

そんなこと言ってたらね、この世の中、考えても、考えても、考えても、考えてわからないことのほうが多いんだもの。

そうすると、人間も犬や猿と同じように、何もそういう方面のことを考えないで生きてもいいわけだが、そうはいかないのが人間でしょう。

人間の世界だけは、人間以外の動物の世界とは違った、いろいろなそこに、摩擦や刺激や、あるいはもつれがあるんですから。

それをただ、漫然として生きてられるから生きているという生き方をしていたんじゃ、せっかく万物の霊長という、ありがたい立場に生み出されて、少しもその幸福を感じないで生涯が終わっちまうだけなんだ。

なぜかと言うと、自己陶冶を志さなければ、人間の一番大事な、人間そのものの人格というものがちっとも向上しないんですもん。

そのまんまなんだもん。何年たっても。

すると、その当然の結果が、もっともっと自分の人生をプラスにする完全な資格と条件てえものが、その生命の中に自然と消えちまうんであります。

そうするてえと、それに代わって首を出すのが、病《やまい》であったり、不運であったりという、苦い形でもってあなた方の人生をいじめ出すわけだ、ね。

ところが、そう言われてみりゃなるほどなと勘づくかもしれないけど、言われない限りはですよ、うぬぼれ気《け》のない人でも、自分は大した間違った生き方はしてないと思うことが、それが非常に自己向上を妨《さまた》げている。

非常に自分で考えても、後ろめたいようなことを考えたり思ったりさえしなけりゃ、格別大して間違った道は歩んでないと、こういうふうに考えているのが、どうも現代の人間の人生に対する常識じゃないでしょうか。

そうすると、どうしてもこの、自分を磨き上げよう、研《と》ぎ上げようという気持ちはありゃしませんわ。

たまには出るんだけれども、それがただ一時《いっとき》のふっとしたエキサイトした気持ちでやり出すんだから、長続きしないいんですよ。

なぜ進んだ世の中に、不幸な人が多くなるのか

何か習おう、覚えよう、あるいは研究しようという気持ちは、だれでもそれはあります。それはもう、学問があろうとなかろうと、人間、おぎゃーと生まれてやがて物心がつきゃ、お父さんやお母さんに何かの話を聞いたとき、また聞かない場合でも、何か自分が今まで見たこともなきゃ、聞いたこともないようなことを、見たり聞いたりすると「どういうわけ？」「なぜ？」と必ず聞くでしょう。

どういうわけ、なぜ、Why、What というこの気持ちは、自分自身がよりもっと現在より進歩しよう、向上しようという、自然傾向がある証拠なんだ。

だから、どんな不精《ぶしょう》たらしいやつでもね、なんか習いたい、覚えたい、こういう気持ちはありますよ。

何も習いたくなく、何も覚えたくない人間は、これはまあ、生きる権利を自分が放棄している人間ですから、これはまあ、この場で議論する資格はない人だから、そんなことはどうでもいいとして、その覚えたい、習いたいという気持ちがある間はまだ、生命の火が消えてない証拠なんだもん。

だからここへ来ているご年配の人で「何覚えたってしょうがねえや。お迎えを待つばかりだから」なんていうような人は、死んじまうほうがいいよ、早く。

もっともこういう話を聞きに来るくらいの人になると、別に心に何をほしいという気持ちはないように感じていても、やっぱりあるから来てるんだ。

そうだろう。

それでいながらだよ、それでいながら、せっかく自己を向上せしめる、いいステップに片足かけていながら、途中でやめちまうやつが多いんだ。

それはもう、あなた方の現在までの過去を考えてごらん。

あれも稽古したけど途中でやめちゃった。

これも長く続かなかった。

あれも、どうもピンボケだってのが多かない？

一つのことをやりあげて、そして立派に完成せしめ得たという人、これがほんとなんですけどもね。

そのほんとな人間が少ないんだもの。

少し自分が困難を感じたり、上達が遅かったり、上達をするのに非常に人知しれない努力をしなきゃならないようなことてえと、大抵途中でやめちまうんだよ。

だから、本来から言ったら、みんなえらくなる素質を持ってるんだ。

えらくなる素質を持っていて、完全な人間としてからに、健康も運命も、もう何の故障もなく生きられるような権利以上の資格を与えられていながら、その資格を自分でもって放っぽり出しちゃってるんですから。

これはまあこの文化の時代に、幸福な人と不幸福な人、どっちが多いかてえと、残念ながら遺《い》憾《かん》ながら、事実だからしょうがない、不幸な人ばかりだと言ってもいいほど、不幸な人が多いんだもの。

それで幸福な人が少ない。

健康や運命のことばかり考えて、向上しようと努力しない

こう言うと、また中に理屈言う人がある。

「不幸な人が多いから、先生なんかこうやってこういうお仕事する甲斐《かい》があるんじゃありませんか。みんな先生みたいになったら、先生、やる甲斐がないでしょう」

ああ、その甲斐のない時代が来ることを、私は本当に心の底から望んでるわ。

何もほかのことをしたいから言ってるんじゃないんですぜ。

私がこういうお仕事をしてるのは、一人でも余計に、もう数多く幸福の人を増やしたいだけが目的なんだからね。

きょうも、あるご婦人が私の家に来た。

「今度は先生、お暇がないものだからお呼びすることができなかったんで、何かおみやげを差し上げたいんですが、何か欲しいものありませんか」

「それはあるよ。人間だから欲しいものは」

「おっしゃってください。買ってきますから」

「売ってないよ、それは」

「売ってないもの、先生欲しがっちゃ困る」

「売ってなくても、欲しいものは欲しいんで」

「なんどすいな？」

「おまえが丈夫になりゃいいんだ、もっと」

「そりゃ一生懸命になります。そのほかに」

「それだけでいい。それ以外のものを持ってこいって言ったら、おまえ身上《しんしょう》つぶさなきゃならんから、やめ」

そうすると、あるいはそういう人は腹の中でそう思ったかもしれないな。

「私は体が弱いからまあとにかく、先生、先生ってこう来ているようなものの、体が丈夫になりゃ、こんな先生、用はないわ」

てな気持ちを持っているかもしれないが、それでいいんだよ、私は。

「もう天風なんてのは、いてもいなくてもいいわ」

「おれが天風をやれるわ」

てな人間が増えてくりゃ、もう私はほんとに安心するがな。

そう、なれる。

それをなれないと思っているところに、あなた方のみそがあるんだよ。

「先生は別や」と。

ちっとも別なことあらへん。

ただ、別だというのは、あなた方よりも人生を自分自身が困って、自分自身を救いあげたいばかりに、あなた方のように、教えてくれる「私」というものが私はいなかったんだから、一人で一生懸命、自分自身を努力して研ぎ上げたために、その研ぎ上げたときに自分のものにしたものが、あなた方より余計持っているというだけなんで、人間としたら、解剖したらあなた方のほうがはるかに尊《とうと》い存在ですよ。

だから、なろうと思ったらきっとなれるのが、ならずに、相変わらず健康がどうの、運命がどうのって、ぼやきたくなかろうけれども、事実、ぼやかざるを得ない状態で生きている人の多いのは、自己陶冶ということの必要性を、本当にもっと程度を高めて真剣に考えないからだ。

つまり、熱の入れ方が足らないからなんだよ。わかりやすい言葉で言や。

人間とねえ、鋼《はがね》とよく似てるんだ、鋼と。

鍛え抜けば鉄もなお断つべき名刀のできるような鋼だって、おっぽりだしといてごらん、何もしないで。そのまんま、雨露にさらしといてごらん。ものの役にも立たない、ずく鉄になっちまうだけでしょ。

人間もそうなんだ。しかもまあ、恩を売るようだけどもさ、自分でいくら研究したって、容易にわからないようなこうした、しかも実際方法を、面白おかしく聞かされて、覚えさせられていて、それでそれに燃えるような情熱を注いで実行しないというのは、どうかと考えませんか？

あなた方がみんな私と同じようにだね、死ぬか生きるの大病を長年患《わずら》っていたら、こんな私が忠告するまでもなく、一生懸命になるでしょうな。

溺《おぼ》れる者は藁《わら》をもつかむのたとえでね。まだ溺れるようになってないもんだから、藁つかもうって気にならない。

藁つかもうという気が、結局燃える情熱なんだから。

子どもが知っていることを大人が知らない奇妙な時代

そこで、どういうわけでこの自己陶冶ということを完全にしないと、健康や運命てえものが、直接的によくなくなるかということを、子どもに講釈するような講釈ですけども、お話ししたいと思う。

案外ね、子どもに話すようなことを話さないと、大人がわからないのが現代なんですよ。変なことを言うようだけど。

こんなことは子どもでも知ってるだろうと思うようなことを、大人が知らない。それを私はね、子どもがわかってるから大人もわかってるだろうと思って、深い説明をしないと、私の説明、難しくてわからねえと、こう言う。

この間も東京で言われちゃったもの。

もう中学校の子どもだって知ってるからと思ってね。人間の生命の生きている状態と、アトム（原子）のこの世に存在する条件とは同じだって。

quantum field of the elementary particle（素粒子に関する場の量子論）というものが、諸君にわかってたらば、この多くの説明をする必要はないだろうと言って、どんどん話を進めちゃったんです。

そして壇上から降りたら（天風会の）副会長が、

「きょうの説明はわれわれが聞いちゃわかるけれども、ほとんど八割はわかってなかったかもしれない」

「なんで？」

「あの quantum field of the elementary particle という、あれがわかってませんよ、みんな」

「そんなことわからないやつがあるかい。あれがわからなくて、どうしてそれじゃ、人間のつくった星（人工衛星）が空を飛んでるということを、ああそうかと思える？

ミサイル一つを理解するんだって quantum field of the elementary particle がわからなかったら、わからねえじゃねえか。

それを現に目で見てるんじゃねえか。

明らかに星が飛んでるのを見ないまでも、星が飛んでるという事実を、われわれはもう既にうそでないと頷《うなず》き、それがわからない人間がいるなんてのは、おかしいじゃねえか」

「それがわからねえんです。中学校、高等学校の生徒はわかってるけれども、ほかの人間はわからねえ」

そこにちょうど四十ばかりの紳士がいたから、

「おめえはわかったろ」

「全然わからねえ」

「うん、なるほど、ここいらが難しいんだな」と思ってね。

自主自律で生きるために自己陶冶が必要

私いつも思うんですよ。

子どもでもわかることを、大人に言ってるてえと、大人が聞いてるとばかにされたように思いやしないかと思うから言わないんだ、私は。

これから言うことなんか、それなんですよ。

それを、これから言うことを「ああ、そうか」と聞く人があったら、大人でだよ、子どもに対しても恥ずかしく思いなさいということを、まず言っておくぜ。

別に皮肉な気分で言ってるんじゃないんですよ。

言いにくいことを我慢して言ってるんだから。

自己陶冶を怠《おこた》ると、なぜ健康や運命が直接的にすぐ、よくない影響を被《こうむ》るかというと、これが子どもでも知ってることなんだ。

人間の一番大切な生命に対する自主自律というものが完全に行われない。

人生はすべからく自主自律であるべきということは、まだわれわれが小学校に行ってる時分ですから、はるかに文化の遅れている、封建制度華やかなりし頃の教育の中にもあったんだ。

ですから、今の人間なんてのは、おぎゃーと生まれたら、すぐこのくらいのことは知ってるはずですよ。

自主自律、これも説明しなきゃならないほど、おわかりにならない人はないだろうと思うけど、一人でもあるといけないからね。

自分の命を人頼みにしないで、自分の命と自分の運命と一切合財《いっさいがっさい》、自分というものは、自分が監督し、自分が支配し、生きるということが自主自律なんだ。

哲学的な言葉を使えば、「人すべからく健康と運命の主人であるべし」というのが自主自律なんだ。

あなた方の命は、確かあなた方のものでしたね。

隣のおばさんのものでもなきゃ、向こうのおじさんのものでもない。

自分のものだったら自分がこれを監督、支配し、そして統御《とうぎょ》し、運営していかなきゃならないのも当然じゃないか。それが自主自律。

ところがそれが当然だということがわかっていても、自己陶冶を完全にしないと、それが当然だと思っているだけでもって、当然だと思ったことが当然実行ができなきゃいかん。

さっきも言ったとおり。もう形容もできない矛盾《むじゅん》と混沌とが入り混ざって、始終《しじゅう》そこにいろいろな摩擦と、刺激のある人生に生きている。自分で気がつこうと気がつくまいと。それが人生というものだ。

そのときにこの自主自律を完全にして生きていかないてえと、これはもう見るも憐《あわ》れ惨憺《さんたん》たる生命に弱いものができあがっちまう。

その原因は、このわれわれの生きている現象世界の雰囲気の中に、格好が見えているといいですね、格好が見えない格好で、フランス語で言うとルミネアルの状態で、そりゃもう自分の生きる命の力を極度に弱くしてしまう、消極的の暗示や、価値のない迷信や、自分の意思を自分の意思どおりに遂行させない、おそろしい力のある誘惑というものに、自分というものが引きずり回されちまうからなんですよ。

こんな説明をしながらも、今私は、ひょいと考えたんだけど、もう二十年もたったら、こんな説明してたってことも、思い出に、笑い話になりゃしないかと思う。

こんなことは小学校の子どもだって知ってることだったからね、これは。

しかしよく考えなさい。自分が自分の命を支配し、監督し、運営し、統御していかなきゃならない大事なものであるのが、それが他人の自由にされたらどうなるかって。

自己陶冶ができていないと心がうろちょろする

どんな人のいい人間だったたって、よっぽど自分の好きな人にそうされるなら、これはまあむしろかえって反対に喜ぶかもしれないけど、見ず知らずのやつが飛び出してきてからに、いきなりあなた方の鼻引っ張ったり耳引っ張ったりしてからに、あっち向けこっち向けって、あるいはあんたこっち来いあっち来いって引きずり回されたら、喜ぶ？　あなた方。「おおきに、えろうおまんなあ、ついて行きますわ」って言うかい。

そういう人間を目《ま》の当たり、一人でもあなた方の目の前に現れたら、感激はしないでしょう。蔑《さげす》むでしょう。

ところが、自分がそうさせられていることに気のつかない人が多いのです。

ほんとよ。自己陶冶を完全にしないと、そうさせられちまうんだから、ね。

自己陶冶の完全でない人が、少しでも今年の風邪みたいに、長引くような風邪に襲われてくるてえと、自己陶冶の完全にできている人なら、自分の力でどんどんどんどん、ある一定の時期がくりゃ、治るときがくれば治るという観念でもって治しちまうけど、もうそのすぐ迷信だとか誘惑に陥って、そうして、うろちょろ、うろちょろ。

体うろちょろする前に、心がうろちょろしちまう。

そしたらまあ、幸福なんて、どっかの国に飛んで行っちまうということになるね。天風会員の方が本当の幸福を感じ得るのは、それは要するに自分というものの心を静かに見る、落ち着きができますものね。

「あっ、私は今、迷いかけてる。あのときは苦しみかけてる」ってわかったら、ふっとそこから身をかわすことが一番幸福なんだもの。

しかし、何年たったってよ、よしんば私の倍、あなた方が生きていて、私の倍修行してもよ、断然この誘惑の消極の暗示も、自分に来ないときは来ないのよ。

来ないときは来ないというのは、必ず来るのよ。

そのときそれから、巧みに身をかわすか、かわさないかで幸福がそこに生まれてくる。

ところが現代人の考え方はあべこべだね。

病んでいる体が丈夫になったら幸福だろう。

貧乏してるやつが金儲《もう》けたら幸福だろう。

うまいものを余計食ったら幸福だろうと。

何かそこにある現実が、自分の心にまざまざと直覚的に存在してない限りは、幸福を感じないという、極めてそれは狡猾《こうかつ》以上、できない相談だ。

それは既に、幸福を感じようとして、よく考えてみると、不幸を自分の心が感じてるというよりむしろその方面に、自分の心が引きずり回されてるからですね。

自己陶冶が完全にできると、その恐れがなくなっちゃう。けども、自己陶冶の完全にできてない人は、いくらこういうことを聞いても、自分だけはなんか特別のように思ってるだろうな。

だからとにかく、人間が人間として、完全に生きようと思うなら、何をおいてもこの、自己陶冶を先にすることが先決問題なんだ。

価値のある悟りとは

これは私ね、まださんざん迷って苦しんでるときに、英国でエマーソンの哲学書にこういうことが書いてあった。

Self-cultivation must be first consideration for making up perfect human life.

わずかな言葉ですから、すぐおわかりになったろう。ゆっくり言ったから。

「完全な人生をつくり上げようとする者は、自分自身を自分自身で研ぎ上げるということが、一番先の問題だ」って。

first consideration、先決問題だ。

その時分にはもう迷って、苦しんで、さんざんもう、この世に神も仏もあるかというような気持ちを持って、私の心の中はもうすさみきってるときですもんね。

自己陶冶どころか、自己をますます下方へと陥《おとしい》れている最中に、この文章を見て、はーっと悟れたよ。

悟りというのは妙なものでね、悟ろう、悟ろうとして悟るものじゃないんで。悟ろう、悟ろうとして悟った悟りは、こいつはあんまり価値のある悟りじゃない。こういうところへあなた方がおいでになって、五日間聞いているうちに、はっと思った、心にエクスタシーを受けたときに、それはほんとの悟りなんだよ。

「悟りとは、悟らで悟る心なり」。「悟りとは、悟らで悟る心なり」って。「悟る悟りは夢の悟りぞ」と、古歌にもあるでしょう。

だから、なんでもいいから、わかってもわからなくてもいいから、私は講演するというときに、もう必ず来て、聞いてなさいということをお奨めしてるのは、これあるがためなんだ。

思ってはいけないことを思わせる「不要残留本能心意識」

さて、どういうわけで、この自主自律ができなくなるんだろう。

これもひとつ、子どもに言うような説明ですが、わかっておきましょうやね。

無論、おわかりになってるでしょうが、わかったことをそれじゃ、スラスラと言葉に出せったら、出せるもんじゃない。わかっちゃいるけども言われねえ、ってあの歌のとおりなんだ、ね。

どういうわけで自主自律ができなくなるんだろう。そして当然の結果として、消極的な暗示や、価値のない迷信や、つまらない誘惑にその心が感じやすくなっちまうのか。

その理由はね、われわれの潜在意識の中に、そういう、いたずらと言うとおかしいけれども、頼もしくない心をつくっちまう原因が存在してるからなんだ。

その原因とはなんだと言うてえと、自己陶冶が完全に行われないと、あの潜在意識の中に、昔の人間には必要とされたが、今の人間には必要とされていない、不要残留本能心意識というものがあるのが、整理されないんですよ。

自己陶冶を施《ほどこ》さないと。

だからよく、このくらいのこと、おまえわからねえのかって言われて、わかっていても、なかなかわかっていないと同じような結果がきちまうてえのは、言われりゃわかっていてもね、この不要残留本能心意識というやつが、潜在意識の中に、まだ少しでも整理されないでもって、こびりついてるとね、どんなに理屈がわかっていても駄目なんだ。そいつが遠慮なく、時につれ折に触れて実在意識に飛び出すから。

病のときに気に掛けちゃいけないということは、千万《せんばん》わかっててても、心がそこだけでもって働かないんなら、それでもっていけないと思ったら、「思うまい」と思えば思わずに済むけれども、そうはいかないのは、思う心と思わせる心が違うからだ。

潜在意識の中に、本能心がなくなっちまったら死んじまうけど、本能心の中に、今言った、現代の人間の生きるに必要としない、不要残留心意識があると、それがひょい、ひょいと飛び出してきて、思っちゃいけないことを思わせ、考えちゃいけないことを考えさせる。

それも大して人生に直接的に害を与えないようなことを、思ったり考えたりする場合は、別にそれはもう大して問題起こらないけれども、かりそめにもその人間が病を患ってるとか、運命がよくないとかというようなときにだ、それを逆に、よくないほうへ引っ張り込むような、つまらない考え方や思い方をするような場合があったら、これはゆゆしき大事がきちまうじゃねえか。

死ななくていいのに死んじまい、もっと成功のできる人間が運を尽くというような結果が来ることは、火を見るより明らかでしょう。

人生の邪魔になる、潜在意識の中の「残留心意識」とは

この今の時代、本来から言ったら、不幸で生きようと思うほうが難しいはずだと言ってもいいくらい、幸福に生きられる条件があるはずなんだ。

ところが、京都はどうか知らないけれども、一番今顕著に目に立つのが大阪ですが、何十年ぶりかの不景気で、こりゃもう倒産するやつが片っ端から追われてくる。

倒産するやつは、もう既に景気が良かったときから、倒産するような状態で営業してたから倒産したんだもの。いきなり不景気になって、バタバタってみんな倒れちゃったってんだったら、これは理屈も何もありゃしませんけども。

不幸になるのは、不幸になるような原因をまいたからだって、この間もそう言ったとおり。

この本能心の中に、現代に生きるのに必要としないような、残留心意識があるとね、これはも

う、のべつまくなし、われわれの心の尊い価値をぐんぐん泥にしちゃうんだよ。

現代の人間として生きるのに、必要としない劣等な、動物的な欲念や、あるいは情念。もうそうなりゃ、早い話が体の中にばい菌をためとくのと同じようなものだからね、これ。

こいつを整理しないてえと、ぴょこ、ぴょこっとこの潜在意識から心の表面である実在意識に飛び出してくる。

飛び出してくるてえと、飛び出した刹那《せつな》、煩悶《はんもん》が出、心配が出、恐怖が出、これ怒りが出て、というふうになってくるよ。

人をやたらと憎んだり、恨んだり、うらやんだり、そねんだり、ねえ、そのうえ常に、分を過ごした所有欲や独占欲が、身の程を考えませんわ、そうなると。あれが欲しいの、これが欲しいのってね。

わがまま勝手な自己本位の気持ちのみが、心を占領して、そのため精神作用の一切を支配する、精神感応性能を極度に調子を悪くしちまう。

ということだけ考えても、自己陶冶ということがいかに必要なことかということに気がつきそうなもんなんだが、気がつかなきゃならない事実が、自分を苦しめているのに気がつかずにいる人が多いんだから。

公平な気持ちで自分の心を見渡してみよ

自己陶冶が正規の手続きで施されていきゃ、潜在意識の中の本能心は自然と整理されちまう。そのために必要な方法を、あなた方は教わってる。

それを、燃えるような情熱でこれを実行しないから、天風会員でありながら、一向に自己統御を完全にできないような自己陶冶をしない人が多い。

自己陶冶と自己統御とは違うよ。自己陶冶の完全さが、自己統御を完全にするんだからね。

もういかにけちんぼが多いとは言いながら、取っておかなくていいものは取っておかずにこれは済むんだけどなあ。

昔はね、男よりは女のほうが、こういうことは余計聞かさなきゃならんほど、始末にいけない人が多かったんだよ。

この頃は男のほうだって、女に負けるもんかです。

昔は女の人なんてのは、今の女の人はどうか知らんけれども、何にもならねえ、あの古ぎれをうんとためて持ってましたねえ。

うちのおばあさんが死んだときにね、柳行李《やなぎごうり》に二行李、何が入ってんだろうと思ってね、開けてみたらね、つまり着物を買ったときの端切《はぎ》れなんですね、あれ。

どうにもならないものばかりですよ。どうにもしょうがねえんだもん、これ。そういうものを丹念に継ぎ合わせて、おこたにかける布団《ふとん》でもこしらえるとかってんなら、まだわかるけど。中にはこんなもの三文《もん》の値打ちもねえだろうと思うような綿のおこしの切れっ端なんかも入ってる。

何かに役に立つやろと思って、あれ取ってあるんでしょう。ところが人間のこの潜在意識の中の、この不要残留心意識は、何の役にも立ちゃしねえんだよ、これ。

置いときゃ置いとくほど、自分の人生を価値なくするだけしか結果に表れないんですからね。そうすると、もう極楽の人生に生きられる人間が地獄の人生つくっちまうわけだ。

これはね、負け惜しみでなく、公平な気持ちで自分の心の中を、ときどきは覗いてみなさいよ。

今、私、何か煩悶がありゃしないか。

何かを心配してやしないか。

何かに腹を立ててやしないか。

何かを悲しんでやしないか。

自分の心ですから、わかるでしょ。理屈つけないんだよ。

「これが悲しまずにいられるか」とか「これを悶《もだ》えずにいられるか」って理屈つけて考えないで。

何か自分の心が今、いわゆる朗《ほが》らかさ、楽しさの反対の気持ちを感じるような状態になってやしないかって。

それを理屈つけちゃいけないんだよ。ほかのこととは違って。

「自分の体が悪いのを、自分が心配しないやつがあるか」とか「自分の運命のよくないのを、自分が悶えないやつがあるか」って理屈つけちゃ駄目なんだよ。

ただ理屈なしに、自分の心が今、喜んでるほうが多いか、悶えてるほうが多いか、楽しんでいることが多いか、悲しんでること、怒ってることのほうが多いかということを比べて考えてみろって。

厳粛《げんしゅく》な意味から言ったら、人間は、夜も昼も、朝も晩も、いつも朗らかで、寝覚めよく、活き活きとして、勇ましく生きられるはずの心を与えられてあるんだから。ものの事情のいかんを問わず。

その心を与えられていながら、病があるっていや「くぅっ」となり、運命が悪いっていや「くそっ」となっちまうのは、結局要するにその心の応用が完全でないからなんだろ。

応用が完全でないのは、本能心の中にそれの応用を妨げるような、よくないものが入っているからだろ。

と、こういうふうに三段論法的に考えていくてえと、すぐわかるんだけど。

それを、誤れる同情を自分の心の在り方にするものだから、自分自身をその価値のない、つらいところから抜け出すこともできず、むしろそっちへ落とし込むほうに努力しているような、滑《こっ》稽《けい》な結果をつくっちゃってるんですよ。

自己陶冶ができた人は、病にも悪運にも引きずられない

自己陶冶が完全にできた人間、もっとわかりやすく言や、私が教えた方法を一生懸命にやっている人は、たとえ病があろうと、運命がよくなくなろうと、心までそれに一緒に引きずり込まれて、暗くはなりません。

ですからそういう人は、病にかかっても、運命が悪くなっても、ぐんぐん、ぐんぐんそれをいいほうに振り向け変えるじゃないか。

それは精神生命の人生態度が事柄によってぐらつかされないで、積極的だからなんだ。

だからこそ自己陶冶をゆるがせにしちゃいけないということは、もうこれでわかったでしょう。

何度も言っても決して無駄にならないこったけれども、よっぽど用心しないと、人間の潜在意識の中にある、このわれわれの肉体を生かそうがために働いてくれる本能心意識の中に、その混ざり物があるんだから。もうないなんて思ったら大違い。

たとえば、すっかりきれいにしちゃって、潜在意識の本能心意識の中に、現在の自分の肉体を生かすだけの必要な働きを行うものだけになって、もう何も混じり物ないわと思っても、また実際においてきれいにしたとしても、再び汚《よご》れないんならいいけれども、よろしいか、汚れるんだよ。

お湯の上がり立てはきれいですよ。念を入れて洗やね。洗わなきゃなんにもならねえけど。そうかってんで、それじゃもう一遍お風呂へ入ってきれいになったらば、永久に入らないできれいでいられるか。

それでわからなかったら、ご飯を腹一杯食ったとする。もう歩けないというほど食ったとする。

そうしたらもう、一生涯食わずにいいか。

それ考えてごらん。

それはもう、瞬間といえども、これでいいというときは来ないくらい、もうすぐ、垢、汚れがその心の中に飛び込んでくる。自分の本能心の中に不要残留心意識がないから安心だと思っていると、他の人間が持ってるやつが入ってくる。遠慮なく、ね。

だからこれが恐ろしい。

現在の自分の状態で満足できる人は、自己陶冶のできた人

大体この本能心という心が悪いんじゃないんですよ。

悪いと思ったら大違い。本能心がなきゃ死んじまうもの。

腹が減った、なんか食いてえと思うのは本能心だ。

そのときに、自己陶冶が完全にできている人ならば、自分の生命を支えるだけの食い物の分量

で満足し、そして同時に自分の身分に相当なものでもって満足するでしょう。

ところがこの本能心意識の中に不要残留心意識があると、身の程もわきまえないで「もっとうめえもんこしらえろ、金がなきゃ着物を質《しち》に置いても借りてこい」なんてことを言って、それで今度は腹のはちきれるほど食ったりなんかする。

だからいつか私がこういうことを言ったときに「ああ、そうどすな」と思った人と「そんなこと言ったって無理だよ」という人と二色《ふたいろ》あったに違いない。

いつかこういうことを言ったね。

自分が現在何か欲しいと思うものが、容易に自分のものにならないときは、悶えることは次に回して、現在持っているもので満足しなさいと、こう言ったろう。

そしたらそのときに、

「んなこと言ってからに、欲しいもの自分のものにならんでもって、取れなかったら近くのものを好きになれというのは無理や」

というふうに思った人は、自己陶冶のできてない人だ。

まあ、長い間の慣れになってますから、こういうところに上がってお話をしながら、皆さんの顔を見てて「ああ、これ、この人今わかったな。これはわかっちゃおれへんわ」ということがわかります。

だから、とにかくにも、立派に命を守ってくれるほうの働きを行う本能心は、これは大事ですから、これは守り育てていかなきゃいけない。

大体が人間の命を守るために神がつくってくれた心なんだから。

ところがそれがあるばっかりに、苦しんだり、悶えたり、腹が立ったり、悲しんだりするというのは、それがあるからじゃなく、その中に今言ったよくないものが入ってるから。

人間の先祖が発生した百万年前から心は育まれてきた

もう少し哲学的な話をすると、われわれの心というものは、ただ単に本能心ばかりでない。理性心であろうと霊性心であろうと、何もかも、すべて心というものは、生物進化のそもそもの当初から、まあ、私も始めのことははっきり知りませんけども、学問的な研究から得た知識によると、百万年前だそうですな。今の人間になる先祖ができたのが。

その遠い、考えられないほど遠い、百万年のその昔から、人類となるべくものは人類となるべくものだ。

とにかく生物進化のその始めの当初から、今日《こんにち》に至るまでの長い間、その時代、時代の人々が経験したり、あるいはその心に受け入れたいろいろな暗示事項のことごとくすべてが、その心の根本骨子となっているんだよ。

だから現在、自分の心は自分の心として、自分が生まれたときからできた心で、その前の心でないと思ったら大違い。

体だってそうだもの。

ある年、ある月、ある日、ある国のある女の腹から飛び出したのが、自分の生命の始まりだと思うけど、現象界に姿を現したのはそれが始まりだけど、その前に、その現象界に姿を現すあなた方となるべきものは、空気中に漂ってたんだ。ただそれを知らないだけだもの。

「闇の夜に鳴かぬ烏《からす》の声聞けば　生まれぬ先の父ぞ恋しき」という、禅に歌がある。

つまり結局これなんだ。

それは私だって、話をしながらも、どこの空気であんた方いたということは言えないです、知らないもの。

何もかもすべて、あにあえて、人間ばかりじゃない。現象界に形を現している物質はみな、その根源は見えないElementary particle（素粒子）だ。

自己陶冶できていないと「暗示のテレパシー」に踊らされる

だから心は、もともと何年たったって見えやしませんけど、その心の働いている中には、百万年前からの、人間の経験や、受け入れた暗示事項が入ってるんだ。

それが時代の進歩とともに、ある程度ひとりでに取捨分別のできる部分と、自分が意識的に取捨分別をしないと、自分の心の中から取り捨てることのできない、二色あるんですよ。

自己陶冶の必要なのは、それなんだ。

ひとりでに時代が進化するにつれて、その時代、時代で相当な必要な本能心だけ残ってて、要《い》らないものはどんどんひとりでにこれがね、自然的に新陳代謝してくれるんなら、これはまあね、現在までのあなた方の生き方で結構。

けど、そうはいかないんで、困っちまうね。

ひとりでになくなるものもあるのよ。

ひとりでになくなるものもあるけれど、今言ったとおり、ちょいとでもいけないカスがなくならずにいると、そいつがそらもう、大きな悪さをしだす。

とにかく、祖先時代にどうしてもそうしなきゃ生きてられなかったというような本能心の中に、本能心としてその当時は立派なものであったものが、時代が今のようになったらいけないものは、いくらもあるからね。

いけないものがいくらもあるというよりも、むしろそれが生命に害を与えるものが、いくらもある。

だからそれが、意識的に適当に整理されないと、折に触れ、時に触れ、こいつがポーッ、ポーッと実在意識領《りょう》に飛び出してくる。

あなた方だって、こういうことに気がつくときがあるだろう。

「なんできょう、こんなことを考えてるんだろう」

自分でも不思議なように、自分の気持ちが、考えてもいなかったことを考え出したとき、行くとも思わないとこへ行っちゃったり。

それはね、自分の心に他から来た、要するに暗示のテレパシーがある。

このテレパシーを感じたときの気持ちてものは、よく訊く人があるけど、それは愚問だよ。感じたときも、感じないときも、自分でもってそうしたいからそうしたというだけのことだ。

こっちのほうを取りたいときに、自分の意思で取ったように思うけど、これを取るようにテレパシーを与えられてて、そいつが心に受け取ったかもしれないことは、いくらもある。

おそらく現代人の日常の生活に行われる、この人生行動の全部とは言わないけれども、大部分はと言ってもこれは間違っていないほど、自分の自己意識で動いているように思っていて、実は他の観念で、いわゆるテレパシー作用で動いている場合があるということは、否定できないんですよ。

だからよっぽど気をつけないと。

気をつけないと、というのは、自己陶冶をして、自分の心が必要以外のものに左右されないようにしなきゃ駄目なんだ。

本能の中にあるよくないものを統御しないと危ない

おっかないですよ、それは本当に。

よくあるこっちゃないか。今まで非常に家の中が、夫婦も兄弟も親子も仲がよかったのに、今度新しい家に引っ越したら急に、親子の仲が悪くなったり、夫婦の仲が悪くなったり。

今まで行ってた学校に通わしときゃよかったと思うくらい、新しい学校に入れてから、急に子どもの性格が変わったり、なんてことはよくあるじゃないか。

それはもう、必ずこの暗示の同化によるテレパシーなんだ。これはもう修練会した人はよくおわかりでしょう。

それでしかも、こっちのアンテナが、極めて散漫たる状態で張られているてえと、もう、すぐその本能心の中にあるよくない不要残留心意識に、すぐ受け取られるような弱い暗示や、価値のないテレパシーは無条件でその人の心のものになっちゃって、それでその人を、つまりテレパシーで踊らされてる状態になっちまう。

だからねえ、この自己統御をしてない人の心の中は、万物の霊長として生きるのに非常に役に立つものと、万物の霊長として生きるのに非常に妨げをするような、始末にいけねえ悪人とが同居しているようなものなんだな、今のあなた方の心は。

本能心中の不要残留心意識というのは、それなんですから。

だからその悪人を早くおん出しちまわなきゃ駄目だよ。またどうしても置いておきたかったらね、軟禁しちまって、出ないようにしちまう。

修養に終点がありえない理由

だから、何をおいてもだ、完全な自己統御はゆめ油断なく、「これでいい」というときはないんですよ。

修養に、cultivation にターミナルはないんだから。

ここが終点ですというところはありゃしないものね。

それでなければ、どんなことをしても一生を通じて幸福、いわゆる健康も運命も完全だという、人間の当然得られる幸福というものを、わがものにすることはできない。

何も掃除しないなら、どんなにそこに立派な掃除の機械が置いてあったって、掃除しないなら、その機械まで汚れちまうじゃないか。どうだい。

そうして、しょっちゅう低級な、動物的欲望や、劣悪な動物的感情情念の虜《とりこ》になって。虜になってるから、それがしょっちゅう自分の心というような状態になっているのを、格別悪いことと思ってやしねえ。人間だから当たり前だと思ってる。右見ても、左見ても、そういうやつばかり多いものね、今。

それを整理すりゃ、そういうふうな状態にならないんだということには、気がつかないんだから。

だから、そういう人を空気の圧迫でついでに生きている人って言うんだよ。

今のこの世の中の人々は、なんでこんなに体が弱くて、なんでこんなに運命がよくないんだということが、そうして、いや、人間の寿命が五年のびたとか、十年のびたとかって言うけれど、それじゃ自分もその仲間に入れるとみんな思っているかもしれないけど、新聞見てみろよ。五十で死んだ、六十で死んだって人は随分多いじゃねえの。

もっともそういう人も理屈で言や、あの人は本当は五十で死ぬはずが、今の世の中だから五年のびて五十五で死んだって言や、言えるけども。

理性心が行う抑制と禁止では自己陶冶の役には立たない

一生懸命、私がわかりきっているだろうと思うようなことを我慢してお話ししているのも、あなた方をもっと長生きにさせたい、もっと丈夫にさせたい、もっと運命もよくしてあげたいばかりなんだぜ。

それをただ、耳で聞きっぱなしちゃ駄目だぜ。

現在、運命のよくない人や、体のよくない人は、

「ああ、ほんとに言われるとおり、少しも自己陶冶ということに情熱の火を燃やしていなかった」

ということを反省しなきゃ駄目だがな。

世間見てみろよ、もう。こういう方法知らないいんですよ、みんなは。

ただ抑制、禁止ばかり言われているだけなんだからね。

もっと昔のえらい人の言ってることを心にしろとか、人生をもっとわかった学者の書いた本でも読めとか、いい坊さんの話でも聞けとか、今の乱れた世の中の道徳なんか、三文の値打ちもないぞって、昔の人間の尊んで行っていた道徳や修養法を一生懸命研究しろ、それが理想どおりの自己陶冶をする唯一の手段だ、というふうに、今までの人はみんな思ってた。

それでもって人間がよくなりゃ、何を好んで私がこういうお仕事をしましょうや。

それじゃ全然その目的を達することができない、ね。

よく考えてごらん。抑制だ、禁止だということは、言葉としちゃ非常にいいんですよ。

悪い心が出たら抑えちまえ。病を心配するような心が出たら、それを抑えなきゃ駄目なんだ。

無駄な心配をしないようにしろとか、道ならないことを考えるような心を出すからいけないんだ、止めちまえてなふうにして、止まったり、抑えることができりゃいいんだけれども、それができない。

なぜできないかという理由を一つ説明しよう。

それはね、その抑制禁止を行う心が、理性心が行うからできないんだ。

理性心以外のものが行うんじゃないんですから。ほかにこれを抑制禁止を行う力のあるものはない、理性以外には。

ところが、理性というものはただ、ものごとの善悪、邪正《じゃせい》を判断するだけの力があって、抑制禁止を的確に、正当に、確実にしてくれる力はないんだ。

力がないんだから、批判する能力だけしかない。

これはいい。これは悪い。これは駄目だ。これはいいぞ。というふうな批判の力はあるね。批判したことがそのまま、心に実行ができりゃ、またこれ人間苦労することはないけれど、実行力と批判力とは違うんだから。

理性心こそが、眠れぬ夜をつくり出す

そうしておまけにこの、力のない理性心には、本能心の中の要らない残留心意識を整理する力はない。

ただ、あることだけはすぐ発見する。

「いけねえなあ、やっぱり天風先生の言ったとおり、あるぞ、おれの心の中に。こんなとき、こんなことでもって心配するなんてことは、まだあるんだな」

ということがわかります。

あるのはわかったから、それじゃどけるということはできない、ね。

それができりゃ、こういう話を聞いただけでもって、もうすっかり安心して生きられる人間になるんですけどね。

かえって、その心があるばかりに、今まで考えていなかった余計な苦しみまで出てこやしな

い？

私は医学を研究してから、余計心が弱くなっちゃったのは、それなんだ。

医学を研究して得た知識はすべて理性になって、自分にいろいろなことを思わせます。

するとそれまでは、夜、寝られないことが体に毒だということは知ってました。

医学を研究したらば、夜、寝られないことによって生ずるところの体内の、よろしいか、神経系統の消耗率に伴って生ずる、直接的な副産物に、疲労度を増加させる尿酸があるとか、いや、そのためによって生ずるところの被害に、直接的に腎臓にどんな変化が来る、なんていうようなことがわかってくるてえと、心配の上に心配、煩悶の上に煩悶というのを積み重ねていくことになるだろう。

それがうそのない証拠は、煩悶や、神経衰弱や、ノイローゼというものに苦しんでいる人たちは、大部分が理性を豊富に持つ、理知階級に多い。

自分の名前も書けないような人間には、いわゆる理知教育を受けた人間の持っているようなノイローゼ的の心はないんですよ。

それを、宗教家や学者が気がつかないんだから呆《あき》れかえっちまって。

あるいは、自分はそれでできたのかもしれないけど、自分とだれでも同じように考えてたら、大変な違いだからね、これ。

けど、あの人たちだってやっぱり若いときは、相当できなかったに違いないであろうことは、あり得るよ。

ノイローゼになった修養術の大家が弟子入りした話

現に永く東京の会員でいました、金子スイサイという、有名な淘宮《とうきゅう》（中国から伝来したといわれる天源術に基づいて、江戸時代に横山丸三《まるみつ》によって創出された修養法。性格を矯正し開運を得ることを目的とする）の大家がいました。

淘宮のほうじゃ、何かこう、心に悶えが起こる、運命的にでも、健康的にでもね。そういうと必ずこの、一つ決まり文句があるんですね。

「淘《よな》げをなさい」という。淘げをすると、現在の心の苦しみはなくなると。

淘げというのは結局、英語で言うtake it offでしょう。

現代の言葉で言えば、それを考えないことにしなさい。

心の中にそれを入れないことにしなさい。

こういうのが決まり文句らしい。

だから金子スイサイ先生も、あれだけの淘宮術の大家ですから、もうお弟子が人生に何か苦しみを感じるようなとき、相談に来りゃ「淘げなさい、淘げ」。淘げして、つまり結局、一切を天道に任せろというのが、淘宮のほうの言葉なんだ。

これは実際、それができりゃ結構なことだね。心配。じゃ、これを淘げと。腹が立つ。これも淘げ。身投げしちゃいけない。

ところがね、偶然か故意か、神様のいたずらか、金子翁が、たった一人、蝶よ花よ、目の中に入れても痛くないように育てた孫が、急性肺炎で死んじゃった。

息子は早く、夫婦死んじゃって、孫一人を残して死んじゃって、その孫を頼りに、金子翁、もう孫の育つのを何よりの楽しみにして、朝晩を一生懸命淘宮術の先生で暮らしているうちに、ポカッと孫が死んだろう。

そしたらもう、直接淘げしなきゃならない人間だ、人の定めの中に与えられたものは、人間の力じゃどうすることもできないということぐらいのことは、無論ご存じのはずだから。

ところが、全然淘げできなくなっちゃった。

いわゆる、死んだ孫に対する激烈な哀惜の情から、もうやるせのない、ノイローゼに陥っちゃった。何も手が着かなくなっちゃった。

それを、親友の西という油絵の先生が、あれはオリンピックで馬術で金メダルを取った西竹一《にしたけいち》騎兵のおじさん。それが早くから私のところへお弟子になった。

それで私のところに金子翁連れてきたわけだ。

この金子翁、入会するとき面白いことがある。いささか手前味噌になるけれど。日比谷の公会堂でもってね講演してるとき、西君がその人を連れてきた。

もとよりその人を連れてきて、紹介しないから、その人が来てるとは知らないんだよ。

それで、東京の公開講演というのは、京都あたりの公開講演と違って、それはもうすこぶる派手なんですよ。いわゆる社会的にえらいというやつが、ずらりと代わる代わる出るんですから。京都でも出ますけれども。

その当時まだ封建制度華やかなりし頃は、大臣とか、陸海軍の大将なんていうのを出すのが、一番効き目がある。訳《わけ》がわからなくても、前講に陸軍大将が出たとか、海軍大将が出たとか、何々大臣が出たなんてなるてえと、話なんかわからなくたって、大抵会に入っちまう。

そのくらい、おっちょこちょいなとぼけたやつが、東京には多いんだ。

それで、ここに出る以上は、天風会の教義や、同時にまたその教義をつくった私のことをけなすはずはありませんからね。別に頼みはしないけれども、それ相当にやっぱり、自分の感激を披露するてえと、初めての人の耳には、なんとなく提灯《ちょうちん》持ちをするように聞こえますわ、こりゃ。

ましていわんや、ひがみ根性持ってるやつが来たら、余計そうなりますわ。

そのときもちょうど、海軍の大将が一人と、陸軍の中将が一人と、それから大臣が一人出て、きょうの公開講演同様、天風会の教義と私とをとにかく、リコメンド（推薦）した講演をしてくれたわけだ。

そのとき金子翁は、もう代わる代わる出ちゃ、天風先生並びに天風教義を、天にも地にも替えがたいようなことで言うのを聞いているうちに、ひがんだわけじゃありますまいけれども、少し嫌な気持ちを感じたらしい。

それで、えらい先生なら、何もそんなに褒《ほ》めなくたっていいだろう。ほんとにいい方法なら、何もよってたかって、なにもそんなに持ち上げなくたっていいだろう。この時間が惜しいわって。一刻も早く、その天風ってのが出りゃいいじゃねえかって。

これは初めて来た人の心理現象は、だれでも同じでしょうな。

それで、そのとき心にこう思ったという。

「どうせこれだけ提灯持ちするやつが出たり入ったりするくらいなら、ご本尊なんて、てえしたもんじゃねえだろう」

「結局中身が悪いからうわべを華やかにしているに違いない」

と、こう思ったらしい。まあ、これは思いそうなこってすよ。

そんな人が来てると思わずね。

それから私が出まして。その時分にまた私が出ても、今言ったようなえらい人が紹介するんですよ。

その紹介も「お待ちかねの天風先生です」と言やまだいい。

紹介するやつがまたね、きざなことを言うんですよ。

「ただ今、私たちがお耳に入れた、現在の世界の宝物、生まれながらの悟りをひらいた哲人、天風大先生であります」

なんてなことを言いやがる。余計なことなんですよ、それねえ。

何と言わなくたって、出てきてしゃべるんだから。言わなきゃしゃべれないって人間じゃないんだから。けれども、言うものを言っちゃいけねえよというわけにいかないから。

それで紹介を受けまして、まあ、あのときだけは約一分間ぐらい、どこ行っても、多少気取ります、私。公開講演で必ずこうやって出てきて。それで皆さんの拍手を浴びて、「皆さん、ごきげんよう。また今晩から京都の尊いお集まりが開かれますことはご同慶《どうけい》にたえない次第であります。相変わらず元気な会員諸君のお顔を、壇上から拝見いたし、そうして、たくさん新しい人を連れてくだされた、尊いお心持ちを深く感謝いたします」

ここまでがばかに気取ってるでしょ。

それはもう、ここに出れば、一種のこりゃもう役者と同じですから。

そういうときに頭から研修科の講演のときのような状態で話し出したら、初めて来た人は失望します。

そのときもやっぱり気取って、今言ったような挨拶をするべく「お集まりを感謝します」、東京ではこう言うんです。

関西では「皆さん、ごきげんよう」、旅の身の上ですから、あんまりえらそうなことを言うと嫌われるといけないから。

なにも別にお世辞を使うわけはないけれども、そこは世渡りのほうで。皆さんごきげんようとは東京では言いません。東京では壇上に出ると、

「お集まりを感謝いたします。天風であります」

それでお辞儀して「え〜、お集まりを」とこう言ったんです。

そしたらね、前列にその男が座っていて、丁寧にお辞儀しやがって、スーッと向こうへ行っちまうんですよ。

別にそれはね、腹は立たないけれど、なにもここへ出てみんなの拍手を浴びて、これから口を開こうとして「え〜」と言ったら丁寧にお辞儀して、向こう行っちゃうんだものね。そうでしょ。

お客さまが来たから、お茶を持っていったら、お茶を見ながらスーッと向こうへ行った。そんな気持ち。

おかしなやつだなと思ったんです。けども別に、そんなものに気を取られる必要ないから、必要なことをどんどん言ってると、また帰ってきやがった。

そしてまた、丁寧にお辞儀をして。そしてしまいまで話を聞いて。印象に残りますもの、私ね。七十近い、頭のはげあがったじいさんだったんだ。

そのあくる日ね、その西と老人が、

「先生、今、日本の淘宮術の大家、金子スイサイ先生をお連れしましたので、ぜひご面会願いたい」

私はもう会員でなきゃ会わないけども、紹介する人が特別な人ですから「じゃ、お会いしようか」って言って、応接間へ入っていってひょいと見たら、きのうのじじい。

だがすぐには口には出さなかったけど、「ああ、このじいさまや」と思った。

それから、まあとにかく初対面の挨拶が終わってから後、

「変なこと聞くようだが、金子さん、きのう私が演壇に出るとすぐあなた、まだ口きかないうちに『え〜』と言ったら丁寧にお辞儀して、どこかへ行ったようですな。

二、三分たってまた帰ってきて、また丁寧にお辞儀して、しまいまで話を聞いておられたんだが、あれはあのとき、何か急な用事でもあったんですか」

「いえ、私としちゃ、差し迫った用事でございましたけど」

「うん。なんです？」

「では話させていただきます。実は、西さんのご紹介で先生のお話を聞くために、日比谷の公会堂へ行ったんでありますが、もう皆さんが出て、先生のことを天にも地にも替えがたいように言われるので、はなはだ申し訳ないんですが、こりゃ大方《おおかた》偽物じゃねえかと、こう思った」

「ああ、なるほどね」

「そしたらあなたが演壇にお出になったときに、まず第一番に私は、あなたのお顔を見て『あっ、これは偽物じゃないわ』と思ったんです」

「顔を見て、偽物と本物がわかるんですか」

「いや、私は」、天源淘宮術のほうには、骨相《こっそう》を見る、特別な方法があるんだそうです。その骨

相で見ると、「凡人《ぼんじん》でないと刹那に感じた」って言うんです。こんな顔が。

「へえ、そうですか」って、とにかく私はその話を一生懸命聞いてた。

「そうして、あなたが『え〜』とおっしゃいましたね」

「言いました」

「そのとき、その声を聞くと同時に『あっ、この声は修行しなきゃ出ない声だ』と思った」

石川素童（鶴見總持寺禅師）さんは魂の声だと言ったが、この人はね「この声は修行しなきゃ出てこない声だと思った」と。

「これは本物だと思ったから、早速、お弟子になる手続きを聞いてこようと思って」

だから、講演がしまってからそのくらいのこと聞いたっていいじゃないかと思ったが、

「いや、それは待っておられません」

「私は先生、七十年の間、弟子にできないことをできるような顔をして、しかつめらしい顔をしちゃ、淘《よな》げしろ、淘げしろと言っとった大きな罪を、今度は自分の孫が亡くなって初めてわかりました。

ああ、これではこの教えが、いくら念を入れて聞いてみても、これじゃ救われないだろうなと思い、はっきり悟らせていただいたので、これから先生の教えてくれた教えを、私たちのほうに頂戴してもいいでしょうか」

「ああ、いいとも、いいとも」

「よろしいですか」

「ああ、いいとも。場合によっちゃね、金子さん、あんたが自分で発見したように言って教えてもいいよ」

「いや、そんなもったいないことはしません。必ず天風先生から教わったということを言います」

「まあ、言う、言わないはとにかく、人を救うことは、そんなことをいちいち披露しなくてもいいから、どんどん遠慮なくお使いなさい」

「ほんとにいいんですか？　別にあれですか、先生の教義をほかへ行って説いて、お叱りを受けるようなことは」

「いや、叱りはしませんよ」

「ほかじゃ、大変でございます。そんなことしたら」

「ほかとこことは違います。それはもう、私のいないとこでもって、あなたが私の言ってることを言うときは『天風なんかおれの弟子だ』ぐらいのことを言ったって構いませんから」

「ああ、そうですか」

非常に喜んで、死ぬまでもうね、必ず自分のお説教のときは「これは私の魂の恩師、天風先生から教わった方法ですから」と言って。

この人は人格者ですから。

三重県四日市市に現れた「三セ天風」

もう一人、面白いやつがいた。これは関西だったけど。

確か京都で一遍私の講演を聞いた会員なんです。その後にまた、名古屋へ来て聞いて。それで大阪で、まだ大阪に警視庁のあった時分に、天満天神で講演したときか。

「先生、兄弟でお救いを受けております。大阪の警視庁の警務課長であります」

「兄弟って、弟か兄貴か？」

「兄貴であります」

「ほう。どこで？　東京？」

「いえ、三重県で」

「三重県で君の兄さん。おれ、三重県に行ったことねえけども」

「いえ、先生に教わったと言って、本まで持っております。現在、私と同じ本を持っております」

「三重県のどこで？」

「四日市なんです」

「四日市、おれ行ったことねえ」

「いえ、そんなことおっしゃったって、もう三年前から天風先生、おいでになってる。兄貴、高弟です」

「あれあれ？　そうかい。それじゃあれだろう、おれよりえれえ先生が、やっぱり中村天風と言っておられるんだろう」

「先生、行ったことないんですか？」

「行ったことないんだ」

「それは失礼千万。偽名するなんて。早速警察のほうから」

「そんなことしちゃいけねえ。妨害しちゃうじゃねえか。それは天風がおめえ、日本に何万人できたっていいじゃねえか」

ただ、私の本に写真を入れてないでしょ、私の。

だもんだから、まことにありがたいかな、どうも考えてみると、ああそのせいかなと思ったんですが、三重県から本の注文が随分来る。その「天風先生」が、自分が著《あらわ》した本だと言うんで。

あの本は天風会で売ってるんじゃないんですから、国民教育普及会で売ってるんですから、国民教育普及会へ注文して送らせていただけなんです。

おかげさまで、本が大変売れましたけれど。

まだ一遍も会いません、その先生に。

ひげの白いのをこう生やしてね、被布《ひふ》を着て演壇に出るそうです。

だから人格的には向こうのほうが立派に見える天風先生。

朝鮮にも多くのファンを持つ「ニセ天風」がいた

ところが同じようなのが朝鮮でもいた、やっぱり。

うれしいですよ、そういう人に会うと。

今のソウル、あの時分の京城《けいじょう》で、斎藤実《さいとうまこと》さんが（朝鮮）総督時代に頼まれて講演に行った。

そうすると京城の商業会議所から電話がかかって、

「お久しぶりでお懐かしい。ぜひおいでを願いたい。三百人ぐらい集めて待ってますから」

と言って、京城の商業会議所の会頭から、ワタナベという名前で電話がかかってきた。

ところが私、朝鮮にワタナベという人間を知ってて、前にいたものですから、その知ってるワタナベさんだと思ったから、

「ああ、そうかい」ってもんで『朝鮮日報』のヤマモトという男を連れて行ったんです、そこへ、ね。京城の会議所へ。

そして、応接間に入ると、やがてそのワタナベという人が出てきて「天風先生は」と言うから、ヤマモトという新聞社長が「ここにおいでです」と言った。

「あんた、天風さん？」

「そうです」

「いくら日本を離れて朝鮮だとは言え、よくないよ、君」

「私の知ってる天風先生は、あんたじゃない」

「そうですか。あなたのご存じの天風さんじゃないから、私が天風でないということは言えないでしょうに」

そしたら新聞社の社長が、

「天風先生です、これ。立派な天風先生だよ。皇族講演の講師をされている天風先生」

そしたら、

「あなたは知らないからそんなことを言うんだ。私は三年前からもう既に、この京城で、年に多いときは二度、少ないときは一遍、天風先生がお見えになって講演して、きょう集めてる人は、みんなその天風先生の弟子だ。われわれが知らないとは言いながら、そんな人の名を騙《かた》って来るなんてよくない」

「ちょっと待ってくださいよ。同じ名前の者は、世の中にいくらもあるんで、中村天風って何も登録した名前じゃないんですから。

あんたの考えている天風と、私とでただ違うだけで、あなたはあなたの考えている天風が、正真正銘の天風で、これは偽物だと思ってる。

私は私で、あなたの考えているのが偽物と思ってるだけの、考え方の違いなんだ。

だからそれを今、ここで議論したところでもってねえ、もう一人のあなたの信じている中村天風が出てこないてえと、どっちが本当かわからない。

向こうも、あるいは自分が本当の中村天風だと思ってるのかもしれないから。

それはまあ後日のこととして、せっかく三百人もお集めになってらっしゃるなら、どうです、私も来たついでと言うとおかしいけど、無駄に帰りたくないから、とにかく何かしゃべらせてくださいよ」

「中村天風先生のことを悪く言わないでしょうな」

「言うも言わないも、知らないんですから私は。とにかく話させてくださいよ」

と言って、壇上へ出て、一席の講演だから。

それから、だれが聞いても、素人《しろうと》が聞いてもうれしく、面白く聞かれるのはと、「病と病気」の話をした。

それで壇上から降りたらね、今度は前と違った慇懃《いんぎん》丁重《ていちょう》さで、両手で私の手を握って、

「いやー、あんたはうまいな。私が知ってる天風先生よりうまい。いや弱ったねえ、これからちょいちょい来てください」

「冗談じゃねえや。あんた、忙しくなるよ。そうなるとどっちがほんとの天風かわからなくなるじゃないか」

そのときもうれしかったよ。方々に天風が出る。

そこであとで調べてみたらね、十年ばかり前に、私のところにいて書生をしていた男だ。

それが会の写真をいくらも持っているんだ。ただ、私の写ってるのはあまり出さなかったらし

い。修練会の写真だとか。自分が書生してたんですから。駆け足で自分が一番トップで走ってるところが写真に出てます。

けど、それで相当人は救えてるから、結構なこったんだけど。

「我は尊し」の信念で、堂々と真理を説け

余談にわたったようですけど、あなた方もだよ、人の前へ出たら、まず、「我《われ》は尊し」

を崩さないように。

よく会員なんかで、入りたての人だと、それは本音だから悪いとは言わないけど、「おれはまだよくわかってないけども」と、こういうことを言いますよ。

わかってないでものをしゃべるということは、無責任だね。

「おれはまだ入りたてでもって、よくはできねえけども」、これはいわゆる無駄な謙遜《けんそん》だわね。

それで、あとから言うことはただ、「おれは天風先生に聞くと、こうこう、こうだ」というようなことを言い出すけど、どうせ言うんなら何も、「おれはわかってないけども」と言う必要はねえし、わかってないことはしゃべれないはずだもの。

それよりはもっと堂々と「我は尊し」の信念で。

「今までおれは迷ってたけれども、今度はこういう話を聞いて、豁然《かつぜん》として悟って、実行してい

たら、なるほど真理は尊い。

とにかく理屈なしに、病のとき苦しかろう、つらかろうけれども、苦しい、つらいと言って治るもんじゃないんだから、人間が生まれるのも、既に向こうの力で生まれ、生きているのも向こうの力だから、死ぬ、生きるはあちら任せにして、とにかくおまえの心の中を、もうちょっと尊く持ったらどうや。

おれは天に代わっておまえにそれを忠告する」

ぐらいのことを言ったらどうや。

「おれはまだようわからんけれども、とにかくそうしたほうがええやろさかいに、やったらどや」

なんて、やりゃしないよ。

天風のいないときに、憐《あわ》れな運命に悩む人間や、あるいは病なんかに屈託《くったく》している人間があったら、自ら救いの大使命を真っ向から振りかざして、自分が観音菩薩《かんのんぼさつ》になり、自分が救世主にならなければいけませんよ。

それを今までのあなた方の大部分は、特にそれが親類だとか肉親だとかになるてえと、一緒にぼやいたり、嘆いたりすることのほうが、人間として当然の、何か義務か間違いのない正しい行いのように思って、「なあ、痛かろうなあ。よう辛抱しとるわ。私なら死んじまうわ」なんて言ったりね。

「お泣き、つらかろうから、お泣き、お泣き」なんて一緒になって泣いてるやつがある。なんのことはねえ、一人がガスの管を口に含んでるときに「ああ、そうか、おれも一緒に含もうか」というのと同じじゃねえか。

とにかく、「先《ま》ず隗《かい》より始めよ」だ。

「まだ日が浅いさかい」なんてこと言っちゃいけねえよ。

正しいことするのに、日が浅かろうと、古かろうと、そんなことに区別はねえじゃねえか。うぬぼれろじゃないけど、ひとたび表に出てごらん。あなた方のように、人生に絡《から》まる真理を知って生きている人が、いるか、いないか。

そうしたら、その得た理解をもっと尊く応用したらどうよ。

私なんかもね、まだこれ始めたて、今からおよそ五十年前。その時分から、今のように完全にやっちゃいませんよ。

まだその時分には半熟だったよ。まだ病だってすっかり治りきらないときだもの。

方法もまだ未完成のほうが多かった。

けれど、よろしいか、「まだよくはできてないけど、こんなことしたらよかろうと思うから、やったらどや」とかね、「いいように思うから講演します」なんてこと言ったことはない。

断固として「私は説く」と。

説いてるうちに、自然と自分の説いている心ならびにその気持ちに、自分自身がどんどん、どんどん、自然陶冶《しぜんとうや》を受けて。

だからむしろこういう仕事を始めなかったらば、これほど早く私は完全な者になれなかったろうと。だから、うそでもいいから、よいことは、よろしいか、もう盛んに誇張しておやりなさい。

悪いことはうそでもしちゃいけない。冗談にもしちゃいけない。

そうすると、そうした気持ち、心持ちがぐんぐん、ぐんぐんこの自己陶冶にやっぱり大きな影響があるんだ。

だから病でも患っている人があったら、神経過敏なやつは神経過敏なやつほどだよ、自分のことだよ、自分が神経過敏で困るような人間だったら、自分は全然神経過敏でない人間になって、その人間に忠告する。

その言った言葉によって、自分自身が cultivate（訓練、強化）されちまう。

だから、どんな場合があろうと、真理を知っている自分を、自分でもって価値を下げた立場に下げちゃっちゃいけないんだよ。

せっかく受け入れた真理をものにしようと思ったら、それをちょいとでも、たとえうそでも実行するということが必要だろう。

それを「まだそんなに入りたてで、ようできもしないのに、できる振りするなんていうのは嫌だ、面はゆい」なんてな気持ちでやってちゃ駄目だよ。

イタリーに、バイオリニストで、十八世紀に世界一になった人がおります。

その人のお弟子は、みんなできがいい。

そこでオーストリーのやはりバイオリニストが訊いた。

「どうしてあんたのとこのお弟子は、別に練習や稽古の方法が特別に変わってるように思えないけれども、みんなできがいいのはどういうわけだ」

「いや、別に難しいこつはないんですよ。ただね、普段私は弟子にこう言ってる。稽古のときも、ステージに立ったときも、うちでもっておさらいしてるときも、バイオリンを手にしたら、おれは世界一のバイオリニストだという、この大きなプライドでその時間を過ごせ」

なるほど、これはね、うぬぼれろというように聞こえるかもしれないけれども、このプライドは、やがて習性と化すと、一つの信念になりますから。習性と化すと。習性と化さないと、うぬぼれはうぬぼれとして、よくない働きをするが、習性と化しちまえば信念になる。

結局その信念が、その人の芸術をぐんぐん、ぐんぐん、同じ練習の程度で向上せしめてるんだね。

人生、要らぬところに心を向ける必要はない

だから、一事が万事です。

あなた方がこういう教えを、ほんとに自分のものに一日も早くしようと思ったらば、まだ駄目

だとか、年限が浅いとか、いくらやってもあかへんわ、なんていうふうに考える考え方が、既に間違いなんだ。

いいかね。もう当然、尊い到着点に行ける筋の上へ乗っかってるんだから。

逆に行きさえしなかったらば、遅かれ早かれそこに到達する自分であることを考えたらば、これは哲学的に言うとですよ、ものができても、できなくても、でかそうとした気持ちが心の中に湧いたときに、できたと同じことなんだ。

出発点で到着点を考えてたら、到着しない間に、その出発したとき、もう到着点はその人の観念の世界に来ている。

わかるかな、こういううれしい話が。

ところが、えらくなれる方法を教わっても、えらくならないでいる自分だけを認めて、えらくなるのにまだ程遠いというふうに考えてたら、いつまでたったってえらくならない時間のほうが多いだろう。

えらくなれる方法を教わったら、もうそれで必ずえらくなれるんだという信念が、その心になったらもうそうなったと同じ、観念の世界じゃ。いわゆる実現性が顕著《けんちょ》になってきているじゃねえか。

これは私、インドで言われた。

私は馬鹿ながらハッと悟ったね。

「おまえね、人の顔見さえすりゃ、頭が痛いの、けつが痛いの、熱が出てるの。それ言っておまえ、楽しいかい？」

「楽しくありませんよ。楽しかねえけど、真実だからしょうがないですよ」

「おれはね、それを聞くたんびにおまえをね、気の毒だと思うけど、治してやることはできないんだよ。

治すのはおまえの心の中にある力が治すんだ。

聞くたびにかわいそうだと思うてえと、人間だからな、頭が痛いと言や、おれがやっぱりね、こんなふうに痛えんじゃねえかと思って、おまえの頭の痛いのをおれが想像するとね、ほら、おまえという人間の一人の頭の痛さが、二人できるだろ。

おまえ、何の恨みがありゃおれをそんな目に遭わせる？

言うたびに治るならいいけど、言うとかえってだよ、自分も損すりゃ、それを聞かせたやつも損するとなったら、言わねえほうがいいだろう。

それより、どうだい、生まれてからきょうまで、もしも、あきらめられなかったら、この頭の痛いのが人生だと思ったら、何も心配することはないわな」

「それ、よくわかりませんね」

「わからない？　それじゃ聞かせようか。

山行ってみろ。

ミミズクは、かやっと首を後ろへ回せるな。

あれがもしも人間のように、肩から後ろへ首が回せないように産み付けたら、あれは決して後ろへ回そうとはしない。

その証拠にはおまえはミミズクを見ても、おまえは後ろへ首を回そうと思ったことはないだろう」

「そりゃ、思ったことはありません」

「なぜ思わない」

「回りませんもの」

「回らなきゃ回そうと思わねえだろう。

だから生まれたときから、こういうふうに頭が痛いのが人間だと思ったら、そしたら気に掛けなくたっていい。

いいかい。

なるほど、ある一定以上の熱が出ると、病気だと人間は思うけども、じゃその一定の熱以下は、病気でないと思ってるから、温かくても気にしないな。

おまえあれだろ、医者のほうじゃ、一定の限度というか、六度五分か七度までの間、それまでの温かさのときは、おまえおれは熱があるとは思わねえだろう。かえってなきゃ気にするだろう。

ところがニワトリは……」

人間が三十七度が平熱のとき、ニワトリは三十八度が平熱ですからね。

「ニワトリは人間よりも熱の線が高いぞ」

「けど、あれ気にしないな。それが生まれつきなんだから。

何もかも生まれつきだと思ったら、何も気にすることねえだろう。

第一、死ぬことがおっかなかったら、生まれない先を考えろ」

「ああ、そうか」

言うことがいちいちわかってくるんですよ。

なるほどね。

死んだらどないなるやろ、そう思ったら、生まれない先は恐ろしかったかと考えてみるのが一番いいわな。

私は、少なくとも生まれない先は知らなかった。生まれたときだって、どこから出たんだかわかりゃしない。

と言ったような、要らないところには心を向けないようにするという習慣をつけることが、また一種の自己陶冶の秘訣なんです。

それがまあ、お暇なのか、あるいはそうすることが、せずにいられないからするのかもしれないけれども、要らないほうにばかりもうね、ちらちら、ちらちら自分の心を振り向けちゃ、心配しなくていいものをとっつかまえたり、無台《むたい》して（ないがしろにして）いいものをとっつかまえて、この世は地獄だ、苦の裟婆《しゃば》だと言ってるんで。

だからもう、ひと言で言った言葉の中に、千万無量の悟りがあるよ。

始終自分の心を喜ばし、楽しませるようなことだけを、よろしいか、自分の心に受け入れることにする。

私と一緒に、たとえわずかな時間でも生活すると、すぐわかるんですけど、私は不愉快なことや嫌なことは、決して口にも出さなきゃ、素振りにも出しません。

その代わりもう、うれしいこと、喜ばしいことは、傍《はた》から見てこんなこと、何がうれしいんだろうと思うようなことも、うわーっ、うれしいなと、それは子どもみたいだ。

自分の「心一つの置き所」で幸福と不幸は決定する

とにかく自分の心が大事ですから、私は。

私だって人間だから、こんちくしょうと思うようなこともありますぜ。

そうかといえばまあねえ、人ごとでもないように、同情の涙がふっとくるときだってあるけれども、パッと消しちまいますよ。

命が大事だもの。

だから傍から見るてえと、なんかその、あなた方と神経の線が変わってるように見えるんだけど、同じことですよ。

むしろ神経の線を分析したら、あなた方の感じないようなことまでも、私は感じてますよ。ましていわんや、私には強力なこの、思念集中の力があるんですから。けど私は、要らないときには使いませんもの。

ですから、何も考えないうすバカみたいに、あなた方はお感じになるんだろうけど、私は考える必要のないことは、考えないことにしてます。

必要ないのに考えたってしょうがねえ。

あなた方は必要でないことを一生懸命に考えてるが、考える割合に利口にならねえのは、必要でないことを考えてるからなんだ。

だからこういう、ちょっと人の気づかないところに、なんと自己陶冶を助成する効果のある方法があるんだから、何も別に、非常に油断なく注意しなくたって、ちょいとした心がけでできるでしょう、これは。

そうすると次第、次第に心がつくり上げられてくると、今までのように、その場、その場の刹那の出来心で人生に生きていたというような、無反省な状態はなくなりますよ。

もうね、やっぱりこのひとつの習慣性能で、もう心のほうが要り用でないものとはくっつかなくなってくる。自然にそうなってくるのよ。

ちょうど、絵や字を上手に書く人が、もう書けるようになると、今度は下手《へた》に書けって言ったら書けませんわ。

今の幸四郎《こうしろう》のおとっつぁんの、先代（七世）の松本幸四郎が会員になりたて。

「ああ、先生に教わりにきた」と言うから、

「何が」

「いえ、今度、私のやる役がね、踊りの習い立てのやつが踊りを踊るって踊りを、踊らなきゃならない」って。

何しろその時分、日本一の踊りの名手ですわね、先代の幸四郎。だから、

「そのくらいのことは訳なくできるだろ」

「いや、それができないです、それは。

現在の持っている味を出せというなら、いくらでもそれは出ますけれども、こりゃ骨が折れますわ、その下手に踊るってのは」

「なるほど、そうだろうな」と思ったんや。

だからそれと同じように、習慣性能というものは、それはもうぐんぐんぐんぐん自分を研ぎ上げていくてえともう、再び元の価値のない泥沼生活をしようたって、しなくなりますから。

本来は、われわれの魂がもっと美しい、広々とした百花繚乱《ひやっかりょうらん》たる花畑で生きられるようにできてるやつを、クソ溜めの中へ入れてかき回したからいけない。

まだかき回してる人もありゃしねえか。

だから何もかもすべて、考えきれないことは考えないでもって、それはあちら任せにして、受け入れた真理だけを自分の実行に移していくという、この心がけを、これは訳ないこった、難しいこと教えてやしねえんだもの。

これはもう、せっかくまあ、会員になったけども、教わることがもう難しくて、もうそれは骨折れる、ていうようなことを教えてるなら、こんなことは言いませんよ。今までよりは、かえってやさしかねえかと思うんだ、生きるのが。

心配のことを心配せずといいってんだからやさしいじゃねえか。

心配なことはどこまでも、わからなかろうけれども、わからなくていいから考えろというほうが難しかないかと思うが、どうだい。

いや、それだけじゃまだわからねえか。

数学の、たとえばおばさんやおっさんには適当でない話かな。学生、考えろ。

いくら考えても、いくら考えても、自分の頭の中に公式の出てこない数学の宿題を考えろと言われたときと、こんな問題考えなくてもいいよと言われたときと、どっちがいい？

ねえ、子どもだってわかるわ、このくらいのことはね。

ああ、考えなくていいよって、考えきれないものを言われて、考えないほうが楽じゃねえか。

まだわからなきゃ、重い荷物。

「これ持ち上げてごらん。持ち上がらねえか。でも、いいや、ほかの者に持たせるから」

というのと、

「うん、持ち上げろ。何年かかってもいいから持ち上げろ。腰が抜けてもいいから持ち上げろ」

と言われるのとどっちがいい。

それをあなた方は、こんなことをして、たとえで聞かなきゃわからないほど、難しいことを一生懸命してるから、いけない。

だからこれじゃ、いくらいい栄養物を食おうと、どんなに金ができようと、どんなにまた学問しようと、少しも、

「ああ、きょうは楽しかった、うれしかった」

という時間を味わう時間などは、そう滅多に来ないでしょう。きてるんだけども、それをつかまないもの。つかまなくてもいいものをつかんでる。

だからきょうから心を入れ替えましょうね。

聞く度ごとに、

「ああ、そうだった。わかっているんだけど、やってなかった」

ということに気がつくだろう。

そうするとこの次に来て、また違った問題出されて、

「いや、先月あれ聞いたとき、ああ、今までわかってなかったが、あれをわからせられたばっか

りに、こんな今、幸福になってしまった」

という気持ち、きっと感じるから。

だから人間はね、事実で幸福を感じようとしちゃいけないのよ。

欲しいものが手に入った、ああ、幸せだ。これはだれだって感じるこった。

会いたい人に会えた、ああ、うれしい。

そういう気持ちでいるてえと、今度は悪いものが来たときに、今度は悪く感じる。

心の中につくっちまうんだよ、幸福の花畑を。

そこが天風会の教義の、いわゆる最高の価値のある点じゃないかい。


身に病ありと言えども、心まで病ませない。

運命に非なるものがあっても、心まで悩まさない。

いつも自分は幸福の花畑の主人公だと思って生きたらどうやと。


さあ、それがわかった人は、全く変わったような人間になれるでしょう。境遇のいかんを問わず。

わからねえ人は、どんなに金ができても、どんなに健康があなた方を恵んできても、少しもあなた方は幸福を感じないでしょう。

ことほどさように、幸福、不幸福は、あなた方の心ひとつで決定される。

その心ひとつの置き所が、自己陶冶というものの完全な結果をつくるか、つくらないかであります。

子どもだましのような講演だと聞いた人もあるかもしれないけど、子どもでもわかっていながら、大人でも実行しないこの話。

どうぞきょうから、完全にこれを実行する人になれるという信念で、たった今からの人生に、新しい勇気と、信念と力で踏み出してください。

それじゃ。

本書は、天風会が刊行するＣＤ『中村天風講演録集「研修科編」心を磨く』全七巻（十四枚）を編集し書籍化したものです。

本文中、現代の観点からは適切と思われない箇所がありますが、講演が行われた時代背景、当時の学説等にかんがみ、原文（講演）のまま用いたことをお断りしておきます。

装幀　芦澤泰偉
写真提供　公益財団法人天風会

〈著者紹介〉

中村天風（なかむら・てんぷう）

1876年（明治９年）７月30日、東京府豊島郡（現東京都北区王子）で生まれる。本名、中村三郎。1904年（明治37年）、日露戦争の軍事探偵として満洲で活躍。帰国後、当時死病であった奔馬性肺結核を発病したことから人生を深く考え、真理を求めて欧米を遍歴する。その帰路、ヒマラヤの麓でヨーガの聖者カリアッパ師の指導を受け、病を克服。
帰国後は実業界で活躍するも、1919年（大正８年）、突如感ずるところがあり、社会的地位、財産を放棄し、「心身統一法」として、真に生きがいのある人生を活きるための実践哲学についての講演活動を始める。同年、「統一哲医学会」を創設。政財界の有力者をはじめ数多くの人々の支持を受け、天風哲学として広く世間に認められるようになる。1940年（昭和15年）、統一哲医学会を天風会と改称。1962年（昭和37年）、財団法人の設立許可を受ける。2011年（平成23年）、公益財団法人へ移行。1968年（昭和43年）12月１日逝去、享年92。著書『真人生の探究』『研心抄』『錬身抄』（以上、天風会）他。

心を磨く
中村天風講演録

2018年11月14日　第1版第1刷発行
2022年1月6日　第1版第8刷発行

著　者　中村天風
監修者　公益財団法人天風会
発行者　永田貴之
発行所　株式会社PHP研究所

東京本部　〒135-8137　江東区豊洲5-6-52
第二制作部　☎03-3520-9619(編集)
普及部　☎03-3520-9630(販売)
京都本部　〒601-8411　京都市南区西九条北ノ内町11

PHP INTERFACE　https://www.php.co.jp/

制作協力
組　版　株式会社PHPエディターズ・グループ
印刷所　大日本印刷株式会社
製本所　東京美術紙工協業組合

　ISBN978-4-569-84172-4

PHPの本

中村天風一日一話

元気と勇気がわいてくる哲人の教え366話

財団法人天風会 編

人生の深い洞察から生まれた天風哲学のエッセンスを一日一話形式で収録。心が強くなり、運命がひらける、幸せな人生のためのバイブル。

定価 本体一、一〇〇円（税別）

幸福なる人生

中村天風「心身統一法」講演録

中村天風 著

幸福な人生を生きるために。病、煩悶、貧乏で苦しまないために。哲人中村天風が心身統一法を熱く語る。